CHEFS-D'OEUVRE

DE

P. CORNEILLE.

TOME SECOND.

AVIS SUR LA STÉRÉOTYPIE.

LA STÉRÉOTYPIE, ou l'art d'imprimer sur des planches solides que l'on conserve, offre seule le moyen de parvenir à la correction parfaite des textes. Dès qu'une faute qui serait échappée est découverte, elle est corrigée à l'instant et irrévocablement; en la corrigeant, on n'est point exposé à en faire de nouvelles, comme il arrive dans les éditions en caractères mobiles. Ainsi le public est sûr d'avoir des livres exempts de fautes, et de jouir du grand avantage de remplacer, dans un ouvrage composé de plusieurs volumes, le tome manquant, gâté ou déchiré.

Chez H. NICOLLE, rue de Seine, n° 12, hôtel de la Rochefoucauld;
Et chez A. BELIN, Imprimeur-Libraire, rue des Mathurins-S.-Jacques, n° 14, hôtel Cluny.

CHEFS-D'OEUVRE

DE

P. CORNEILLE.

TOME SECOND.

STÉRÉOTYPE D'HERHAN.

PARIS,
DE L'IMPRIMERIE DE A. BELIN.

1812.

POLYEUCTE,

MARTYR,

TRAGÉDIE CHRÉTIENNE.

1640.

PRÉFACE
DE
VOLTAIRE.

Quand on passe de Cinna à Polyeucte, on se trouve dans un monde tout différent : mais les grands poëtes, ainsi que les grands peintres, savent traiter tous les sujets. C'est une chose assez connue que Corneille ayant lu sa tragédie de Polyeucte chez madame de Rambouillet, où se rassemblaient alors les esprits les plus cultivés, cette pièce y fut condamnée d'une voix unanime, malgré l'intérêt qu'on prenait à l'auteur dans cette maison : Voiture fut député de toute l'assemblée pour engager Corneille à ne pas faire représenter cet ouvrage. Il est difficile de démêler ce qui put porter les hommes du royaume qui avaient le plus de goût et de lumières à juger si singulièrement. Furent-ils persuadés qu'un martyr ne pouvait jamais réussir sur le théâtre? c'était ne pas connaître le peuple. Croyaient-ils que les défauts que leur sagacité leur faisait remarquer révolteraient le public? c'était tomber dans la même erreur qui avait trompé les censeurs du Cid : ils examinaient le Cid par l'exacte raison, et ils ne voyaient pas qu'au spectacle on juge par sentiment. Pouvaient-ils ne pas sentir les beautés singulières des rôles de Sévère et de Pauline? Ces beautés d'un genre si neuf et si délicat les alarmèrent peut-être : ils purent craindre qu'une femme qui aimait à la fois son amant et son mari n'intéressât pas ; et c'est précisément ce qui fit le succès de la pièce. On trouvera dans les remarques quelques anecdotes concernant ce jugement de l'hôtel de Rambouillet. Ce qui est étonnant, c'est que tous ces chefs-d'œuvre se suivaient d'année en année. Cinna fut joué au commencement de 1639, et Polyeucte en 1640. Il est vrai que Lopès de Véga, Garnier, Calderon, composaient encore plus vite, STANTES PEDE IN UNO; mais quand on ne s'asservit à aucune règle, qu'on n'est gêné ni par la rime, ni par la conduite, ni par aucune bienséance, il est plus aisé de faire dix tragédies que de faire Cinna et Polyeucte.

A LA REINE RÉGENTE.

M<small>ADAME</small>,

Quelque connoissance que j'aie de ma foiblesse, quelque profond respect qu'imprime votre majesté dans les ames de ceux qui l'approchent, j'avoue que je me jette à ses pieds sans timidité et sans défiance, et que je me tiens assuré de lui plaire, parceque je suis assuré de lui parler de ce qu'elle aime le mieux. Ce n'est qu'une pièce de théâtre que je lui présente, mais qui l'entretiendra de Dieu : la dignité de la matière est si haute, que l'impuissance de l'artisan ne la peut ravaler ; et votre ame royale se plaît trop à cette sorte d'entretien pour s'offenser des défauts d'un ouvrage où elle rencontrera les délices de son cœur. C'est par là, madame, que j'espère obtenir de votre majesté le pardon du long temps que j'ai attendu à lui rendre cette sorte d'hommage. Toutes les fois que j'ai mis sur notre scène des vertus morales ou politiques, j'en ai toujours cru les tableaux trop peu dignes de paroître devant elle, quand j'ai considéré qu'avec quelque soin que je les pusse choisir dans l'histoire, et quelques ornements dont l'artifice les pût enrichir, elle en voyoit de plus grands exemples dans elle-même. Pour rendre les choses proportionnées, il falloit aller à la plus haute espèce, et n'entreprendre pas de rien offrir de cette nature à une reine très chrétienne, et qui l'est beaucoup plus encore par ses actions que par son titre, à moins que de lui offrir un portrait des vertus chrétiennes dont l'amour et la gloire de Dieu formassent les plus beaux traits, et qui rendît les plaisirs qu'elle y pourra prendre aussi propres à exercer sa piété qu'à délasser son esprit. C'est à cette extraordinaire et admirable piété, madame, que la France est redevable des bénédictions qu'elle voit tomber sur les premières armes de son roi; les heureux succès qu'elles ont obtenus en sont les rétributions éclatantes, et des coups du ciel qui répand abondamment sur tout le royaume les récompenses et les graces que votre majesté a méritées. Notre perte sembloit infaillible après celle de notre grand monarque; toute l'Europe avoit déjà pitié de nous, et s'imaginoit que nous nous allions précipiter dans un extrême désordre, parcequ'elle nous voyoit dans une extrême désolation : cependant la prudence et les soins de votre majesté, les bons conseils qu'elle a pris, les grands courages qu'elle a choisis pour les exécuter, ont agi si puissamment dans tous les besoins de l'état, que cette première année de sa régence a non seulement égalé les plus glorieuses de l'autre règne, mais a même effacé, par la prise de Thionville, le souvenir du malheur qui, devant ses murs, avoit interrompu une si longue suite de victoires. Permettez que je me laisse emporter au ravissement que me donne cette pensée, et que je m'écrie dans ce transport :

Que vos soins*, grande reine, enfantent de miracles !
Bruxelles et Madrid en sont tout interdits ;
Et si notre Apollon me les avoit prédits,
J'aurois moi-même osé douter de ses oracles.

---

* Corneille n'était pas fait pour les sonnets et pour les madrigaux. Il aurait mieux fait de ne se point « écrier dans son transport. » Les vers que Voiture fit cette année-là même pour la reine en sa présence sont dans un autre goût et un peu meilleurs :

. . . .
Mais que vous étiez plus heureuse
Lorsque vous étiez autrefois,
Je ne veux pas dire amoureuse,
La rime le dit toutefois !

C'est un assez plaisant contraste, que Voiture loue la reine d'avoir été un peu galante, et que Corneille fasse l'éloge de sa dévotion.

ÉPITRE DÉDICATOIRE.

Sous vos commandements on force tous obstacles ;
On porte l'épouvante aux cœurs les plus hardis ;
Et par des coups d'essai vos états agrandis
Des drapeaux ennemis font d'illustres spectacles.

La Victoire elle-même accourant à mon roi,
Et mettant à ses pieds Thionville et Rocroi,
Fait retentir ces vers sur les bords de la Seine :

France, attends tout d'un règne ouvert en triomphant,
Puisque tu vois déjà les ordres de ta reine
Faire un foudre en tes mains des armes d'un enfant.

Il ne faut point douter que des commencements si merveilleux ne soient soutenus par des progrès encore plus étonnants. Dieu ne laisse point ses ouvrages imparfaits ; il les achèvera, madame, et rendra non seulement la régence de votre majesté, mais encore toute sa vie, un enchaînement continuel de prospérités. Ce sont les vœux de toute la France ; et ce sont ceux que fait avec le plus de zèle,

MADAME,

de votre majesté

le très humble, très obéissant,
et très fidèle serviteur et sujet,
P. CORNEILLE.

ABRÉGÉ

du martyre de saint Polyeucte, écrit par Siméon Métaphraste, et rapporté par Surius.

L'INGÉNIEUSE tissure des fictions avec la vérité, où consiste le plus beau secret de la poésie, produit d'ordinaire deux sortes d'effets, selon la diversité des esprits qui la voient. Les uns se laissent si bien persuader à cet enchaînement, qu'aussitôt qu'ils ont remarqué quelques évènements véritables, ils s'imaginent la même chose des motifs qui les font naître et des circonstances qui les accompagnent; les autres, mieux avertis de notre artifice, soupçonnent de fausseté tout ce qui n'est pas de leur connoissance : si bien que quand nous traitons quelque histoire écartée dont ils ne trouvent rien dans leur souvenir, ils l'attribuent tout entière à l'effort de notre imagination, et la prennent pour une aventure de roman.

L'un et l'autre de ces effets seroit dangereux en cette rencontre : il y va de la gloire de Dieu, qui se plaît dans celle de ses saints, dont la mort si précieuse devant ses yeux ne doit pas passer pour fabuleuse devant ceux des hommes. Au lieu de sanctifier notre théâtre par sa représentation, nous y profanerions la sainteté de leurs souffrances si nous permettions que la crédulité des uns et la défiance des autres, également abusées par ce mélange, se méprissent également en la vénération qui leur est due, et que les premiers la rendissent mal-à-propos à ceux qui ne la méritent pas, pendant que les autres la dénieroient à ceux à qui elle appartient.

Saint Polyeucte est un martyr dont, s'il m'est permis de parler ainsi, beaucoup ont plutôt appris le nom à la comédie qu'à l'église. Le martyrologe romain en fait mention sur le 13 de février, mais en deux mots, suivant sa coutume; Baronius, dans ses annales, n'en écrit qu'une ligne; le seul Surius, ou plutôt Mosander qui l'a augmenté dans les dernières impressions, en rapporte la mort assez au long sur le 9 de janvier : et j'ai cru qu'il étoit de mon devoir d'en mettre ici l'abrégé. Comme il a été à propos d'en rendre la représentation agréable, afin que le plaisir pût en insinuer plus doucement l'utilité, et lui servir comme de véhicule pour la porter dans l'ame du peuple, il est juste aussi de lui donner cette lumière pour démêler la vérité d'avec ses ornements, et lui faire reconnoître ce qui lui doit imprimer du respect comme saint, et ce qui le doit seulement divertir comme industrieux. Voici donc ce que ce dernier nous apprend.

« Polyeucte et Néarque étoient deux cavaliers étroitement liés ensemble d'amitié; ils vivoient en l'an 250, sous l'empire de Décius; leur demeure étoit dans Mélitène, capitale d'Arménie; leur religion, différente. Néarque étoit chrétien, et Polyeucte suivoit encore la secte des gentils, mais ayant toutes les qualités dignes d'un chrétien, et une grande inclination à le devenir. L'empereur ayant fait publier un édit très rigoureux contre les chrétiens, cette publication donna un grand trouble à Néarque, non par la crainte des supplices dont il étoit menacé, mais pour l'appréhension qu'il eut que leur amitié ne souffrît quelque séparation ou refroidissement par cet édit, vu les peines qui y étoient proposées à ceux de sa religion, et les honneurs promis à ceux du parti contraire : il en conçut un si profond déplaisir, que son ami s'en aperçut ; et l'ayant obligé de lui en dire la cause, il prit de là occasion de lui ouvrir son cœur : Ne craignez point, lui dit-il, que l'édit de l'empereur nous désunisse ; j'ai vu cette nuit le Christ que vous adorez ; il m'a dépouillé d'une robe sale pour me revêtir d'une autre toute lumineuse, et m'a fait monter sur un cheval ailé pour le suivre. Cette vision m'a résolu entièrement à faire ce qu'il y a long-temps que je médite : le seul nom de chrétien me manque ; et vous-même, toutes les fois que vous m'avez parlé de votre grand Messie, vous avez pu remarquer que je vous ai toujours écouté avec respect ; et quand vous m'avez lu sa vie et ses enseignements, j'ai toujours admiré la sainteté de ses actions et de ses discours. O Néarque, si je ne me croyois pas indigne d'aller à lui sans être initié dans ses mystères et avoir reçu la grace de ses sacrements, que vous verriez éclater l'ardeur que j'ai de mourir pour sa gloire et le soutien de ses éternelles vérités ! Néarque l'ayant éclairci sur l'illusion du scrupule où il étoit par l'exemple du bon larron, qui en un moment mérita le ciel, bien qu'il n'eût pas reçu le baptême; aussitôt notre martyr, plein d'une sainte ferveur, prend l'édit de l'empereur, crache dessus, et le déchire en morceaux qu'il jette au vent; et voyant des idoles que le peuple portoit sur les autels pour les adorer, il les arrache à ceux qui les portoient, les brise contre terre, et les foule aux pieds, étonnant tout le monde et son ami même par la chaleur de ce zèle qu'il n'avoit pas espéré.

Son beau-père Félix, qui avoit la commission de l'empereur pour persécuter les chrétiens, ayant vu lui-même ce qu'avoit fait son gendre, saisi de douleur de voir l'espoir et l'appui de sa famille perdus, tâche d'ébranler sa constance, premièrement par de belles paroles, ensuite par des menaces, enfin par des coups qu'il lui fait donner par ses bourreaux sur tout le visage: mais n'en ayant pu venir à bout, pour dernier effort il lui envoie sa fille Pauline, afin de voir si ses larmes n'auroient point plus de pouvoir sur l'esprit d'un mari que n'avoient eu ses artifices et ses rigueurs. Il n'avance rien davantage par là; au contraire, voyant que sa fermeté convertissoit beaucoup de païens, il le condamne à perdre la tête. Cet arrêt fut exécuté sur l'heure; et le saint martyr, sans autre baptême que de son sang, s'en alla prendre possession de la gloire que Dieu a promise à ceux qui renonceroient à eux-mêmes pour l'amour de lui. »

Voilà en peu de mots ce qu'en dit Surius : le songe de Pauline, l'amour de Sévère, le baptême effectif de

Polyeucte, le sacrifice pour la victoire de l'empereur, la dignité de Félix que je fais gouverneur d'Arménie, la mort de Néarque, la conversion de Félix et de Pauline, sont des inventions et des embellissements de théâtre. La seule victoire de l'empereur contre les Perses a quelque fondement dans l'histoire ; et, sans chercher d'autres auteurs, elle est rapportée par M. Coëffeteau, dans son Histoire romaine; mais il ne dit pas, ni qu'il leur imposa tribut, ni qu'il envoya faire des sacrifices de remerciement en Arménie.

Si j'ai ajouté ces incidents et ces particularités selon l'art, ou non, les savants en jugeront ; mon but ici n'est pas de les justifier, mais seulement d'avertir le lecteur de ce qu'il en peut croire.

PERSONNAGES.

FÉLIX, sénateur romain, gouverneur d'Arménie.
POLYEUCTE, seigneur arménien, gendre de Félix.
SÉVÈRE, chevalier romain, favori de l'empereur Décie.
NÉARQUE, seigneur arménien, ami de Polyeucte.
PAULINE, fille de Félix, et femme de Polyeucte.
STRATONICE, confidente de Pauline.
ALBIN, confident de Félix.
FABIAN, domestique de Sévère.
CLÉON, domestique de Félix.
TROIS GARDES.

La scène est à Mélitène, capitale d'Arménie, dans le palais de Félix.

POLYEUCTE,
MARTYR,
TRAGÉDIE CHRÉTIENNE.

ACTE PREMIER.

SCÈNE I.

POLYEUCTE, NÉARQUE.

NÉARQUE.

Quoi ! vous vous arrêtez aux songes d'une femme ![1]
De si foibles sujets troublent cette grande ame !
Et ce cœur tant de fois dans la guerre éprouvé [2]
S'alarme d'un péril qu'une femme a rêvé !

POLYEUCTE.

Je sais ce qu'est un songe, et le peu de croyance [3]
Qu'un homme doit donner à son extravagance,
Qui d'un amas confus des vapeurs de la nuit
Forme de vains objets que le réveil détruit :

Mais vous ne savez pas ce que c'est qu'une femme ; 4
Vous ignorez quels droits elle a sur toute l'ame, 5
Quand, après un long temps qu'elle a su nous charmer,
Les flambeaux de l'hymen viennent de s'allumer.
Pauline, sans raison dans la douleur plongée, 6
Craint et croit déjà voir ma mort qu'elle a songée ;
Elle oppose ses pleurs au dessein que je fais,
Et tâche à m'empêcher de sortir du palais.
Je méprise sa crainte, et je cède à ses larmes ;
Elle me fait pitié sans me donner d'alarmes ;
Et mon cœur, attendri sans être intimidé, 7
N'ose déplaire aux yeux dont il est possédé.
L'occasion, Néarque, est-elle si pressante,
Qu'il faille être insensible aux soupirs d'une amante ?
Par un peu de remise épargnons son ennui, 8
Pour faire en plein repos ce qu'il trouble aujourd'hui.

NÉARQUE.

Avez-vous cependant une pleine assurance
D'avoir assez de vie, ou de persévérance ?
Et Dieu, qui tient votre ame et vos jours dans sa main, 9
Promet-il à vos vœux de le vouloir demain ?
Il est toujours tout juste et tout bon ; mais sa grace 10
Ne descend pas toujours avec même efficace :
Après certains moments que perdent nos longueurs,
Elle quitte ces traits qui pénètrent les cœurs ;
Le nôtre s'endurcit, la repousse, l'égare ;
Le bras qui la versoit en devient plus avare ; 11
Et cette sainte ardeur qui doit porter au bien
Tombe plus rarement, ou n'opère plus rien.
Celle qui vous pressoit de courir au baptême,
Languissante déjà, cesse d'être la même ;

ACTE I, SCÈNE I.

Et, pour quelques soupirs qu'on vous a fait ouïr, [12]
Sa flamme se dissipe, et va s'évanouir.

POLYEUCTE.

Vous me connoissez mal : la même ardeur me brûle,
Et le désir s'accroît quand l'effet se recule.
Ces pleurs, que je regarde avec un œil d'époux,
Me laissent dans le cœur aussi chrétien que vous ;
Mais, pour en recevoir le sacré caractère
Qui lave nos forfaits dans une eau salutaire,
Et qui, purgeant notre ame et désillant nos yeux,
Nous rend le premier droit que nous avions aux cieux,
Bien que je le préfère aux grandeurs d'un empire,
Comme le bien suprême et le seul où j'aspire,
Je crois, pour satisfaire un juste et saint amour,
Pouvoir un peu remettre, et différer d'un jour.

NÉARQUE.

Ainsi du genre humain l'ennemi vous abuse ; [13]
Ce qu'il ne peut de force, il l'entreprend de ruse ; [14]
Jaloux des bons desseins qu'il tâche d'ébranler, [15]
Quand il ne les peut rompre, il pousse à reculer ;
D'obstacle sur obstacle il va troubler le vôtre, [16]
Aujourd'hui par des pleurs, chaque jour par quelque autre ;
Et ce songe rempli de noires visions
N'est que le coup d'essai de ses illusions.
Il met tout en usage, et prière et menace ;
Il attaque toujours, et jamais ne se lasse ;
Il croit pouvoir enfin ce qu'encore il n'a pu,
Et que ce qu'on diffère est à demi rompu.
  Rompez ces premiers coups ; laissez pleurer Pauline.
Dieu ne veut point d'un cœur où le monde domine,
Qui regarde en arrière, et, douteux en son choix,
Lorsque sa voix l'appelle, écoute une autre voix.

2.

POLYEUCTE.
Pour se donner à lui faut-il n'aimer personne?
NÉARQUE.
Nous pouvons tout aimer, il le souffre, il l'ordonne;
Mais, à vous dire tout, ce seigneur des seigneurs
Veut le premier amour et les premiers honneurs.
Comme rien n'est égal à sa grandeur suprême,
Il faut ne rien aimer qu'après lui, qu'en lui-même,
Négliger, pour lui plaire, et femme, et biens, et rang,
Exposer pour sa gloire et verser tout son sang.
Mais que vous êtes loin de cette ardeur parfaite
Qui vous est nécessaire, et que je vous souhaite!
Je ne puis vous parler que les larmes aux yeux.
Polyeucte, aujourd'hui qu'on nous hait en tous lieux,
Qu'on croit servir l'état quand on nous persécute,
Qu'aux plus âpres tourments un chrétien est en butte,
Comment en pourrez-vous surmonter les douleurs,
Si vous ne pouvez pas résister à des pleurs?

POLYEUCTE.
Vous ne m'étonnez point; la pitié qui me blesse
Sied bien aux plus grands cœurs, et n'a point de foiblesse.
Sur mes pareils, Néarque, un bel œil est bien fort;
Tel craint de le fâcher, qui ne craint pas la mort:
Et s'il faut affronter les plus cruels supplices,
Y trouver des appas, en faire mes délices,
Votre Dieu, que je n'ose encor nommer le mien,
M'en donnera la force en me faisant chrétien.

NÉARQUE.
Hâtez-vous donc de l'être.

POLYEUCTE.
Oui, j'y cours, cher Néarque;
Je brûle d'en porter la glorieuse marque.

ACTE I, SCÈNE I.

Mais Pauline s'afflige, et ne peut consentir,
Tant ce songe la trouble, à me laisser sortir.

NÉARQUE.

Votre retour pour elle en aura plus de charmes;
Dans une heure au plus tard vous essuîrez ses larmes;
Et l'heur de vous revoir lui semblera plus doux,
Plus elle aura pleuré pour un si cher époux.
Allons, on nous attend.

POLYEUCTE.

Apaisez donc sa crainte, [13]
Et calmez la douleur dont son ame est atteinte.
Elle revient.

NÉARQUE.

Fuyez.

POLYEUCTE.

Je ne puis.

NÉARQUE.

Il le faut;
Fuyez un ennemi qui sait votre défaut, [19]
Qui le trouve aisément, qui blesse par la vue,
Et dont le coup mortel vous plaît quand il vous tue.

POLYEUCTE.

Fuyons, puisqu'il le faut.

SCÈNE II.

POLYEUCTE, NÉARQUE, PAULINE, STRATONICE.

POLYEUCTE.

Adieu, Pauline, adieu.
Dans une heure au plus tard je reviens en ce lieu.

PAULINE.

Quel sujet si pressant à sortir vous convie ?
Y va-t-il de l'honneur ? y va-t-il de la vie ?

POLYEUCTE.

Il y va de bien plus.

PAULINE.

Quel est donc ce secret ?

POLYEUCTE.

Vous le saurez un jour : je vous quitte à regret ;
Mais enfin il le faut. [1]

PAULINE.

Vous m'aimez ?

POLYEUCTE.

Je vous aime,
Le ciel m'en soit témoin, cent fois plus que moi-même ;
Mais....

PAULINE.

Mais mon déplaisir ne vous peut émouvoir !
Vous avez des secrets que je ne puis savoir !
Quelle preuve d'amour ! Au nom de l'hyménée,
Donnez à mes soupirs cette seule journée

POLYEUCTE.

Un songe vous fait peur !

PAULINE.

Ses présages sont vains,
Je le sais : mais enfin je vous aime, et je crains.

POLYEUCTE.

Ne craignez rien de mal pour une heure d'absence. [2]
Adieu : vos pleurs sur moi prennent trop de puissance ;
Je sens déjà mon cœur prêt à se révolter,
Et ce n'est qu'en fuyant que j'y puis résister.

SCÈNE III.

PAULINE, STRATONICE.

PAULINE.

VA, néglige mes pleurs, cours, et te précipite
Au-devant de la mort que les dieux m'ont prédite;
Suis cet agent fatal de tes mauvais destins,
Qui peut-être te livre aux mains des assassins.
Tu vois, ma Stratonice, en quel siècle nous sommes : [1]
Voilà notre pouvoir sur les esprits des hommes ;
Voilà ce qui nous reste, et l'ordinaire effet
De l'amour qu'on nous offre, et des vœux qu'on nous fait.
Tant qu'ils ne sont qu'amants nous sommes souveraines,
Et jusqu'à la conquête ils nous traitent de reines ;
Mais après l'hyménée ils sont rois à leur tour. [2]

STRATONICE.

Polyeucte pour vous ne manque point d'amour ; [3]
S'il ne vous traite ici d'entière confidence, [4]
S'il part malgré vos pleurs, c'est un trait de prudence : [5]
Sans vous en affliger, présumez avec moi [6]
Qu'il est plus à propos qu'il vous cèle pourquoi ;
Assurez-vous sur lui qu'il en a juste cause.
Il est bon qu'un mari nous cache quelque chose, [7]
Qu'il soit quelquefois libre, et ne s'abaisse pas
A nous rendre toujours compte de tous ses pas.
On n'a tous deux qu'un cœur qui sent mêmes traverses ; [8]
Mais ce cœur a pourtant ses fonctions diverses ;
Et la loi de l'hymen qui vous tient assemblés [9]
N'ordonne pas qu'il tremble alors que vous tremblez.

Ce qui fait vos frayeurs ne peut le mettre en peine :
Il est Arménien, et vous êtes Romaine ;
Et vous pouvez savoir que nos deux nations
N'ont pas sur ce sujet mêmes impressions.
Un songe en notre esprit passe pour ridicule ; 10
Il ne nous laisse espoir, ni crainte, ni scrupule :
Mais il passe dans Rome avec autorité
Pour fidèle miroir de la fatalité.

PAULINE.

Quelque peu de crédit que chez vous il obtienne, 11
Je crois que ta frayeur égaleroit la mienne,
Si de telles horreurs t'avoient frappé l'esprit,
Si je t'en avois fait seulement le récit.

STRATONICE.

A raconter ses maux souvent on les soulage. 12

PAULINE.

Écoute : mais il faut te dire davantage,
Et que, pour mieux comprendre un si triste discours,
Tu saches ma foiblesse et mes autres amours.
Une femme d'honneur peut avouer sans honte
Ces surprises des sens que la raison surmonte :
Ce n'est qu'en ces assauts qu'éclate la vertu ; 13
Et l'on doute d'un cœur qui n'a point combattu.

Dans Rome, où je naquis, ce malheureux visage 14
D'un chevalier romain captiva le courage ;
Il s'appeloit Sévère. Excuse les soupirs
Qu'arrache encore un nom trop cher à mes désirs.

STRATONICE.

Est-ce lui qui naguère, aux dépens de sa vie, 15
Sauva des ennemis votre empereur Décie,

Qui leur tira mourant la victoire des mains,
Et fit tourner le sort des Perses aux Romains ; [16]
Lui qu'entre tant de morts immolés à son maître
On ne put rencontrer, ou du moins reconnoître ;
A qui Décie enfin pour des exploits si beaux
Fit si pompeusement dresser de vains tombeaux ?

PAULINE.

Hélas ! c'étoit lui-même ; et jamais notre Rome
N'a produit plus grand cœur, ni vu plus honnête homme
Puisque tu le connois, je ne t'en dirai rien.
Je l'aimai, Stratonice ; il le méritoit bien.
Mais que sert le mérite où manque la fortune ?
L'un étoit grand en lui, l'autre foible et commune ;
Trop invincible obstacle, et dont trop rarement
Triomphe auprès d'un père un vertueux amant !

STRATONICE.

La digne occasion d'une rare constance ! [17]

PAULINE.

Dis plutôt d'une indigne et folle résistance. [18]
Quelque fruit qu'une fille en puisse recueillir,
Ce n'est une vertu que pour qui veut faillir.
 Parmi ce grand amour que j'avois pour Sévère, [19]
J'attendois un époux de la main de mon père,
Toujours prête à le prendre ; et jamais ma raison
N'avoua de mes yeux l'aimable trahison.
Il possédoit mon cœur, mes désirs, ma pensée ;
Je ne lui cachois point combien j'étois blessée ;
Nous soupirions ensemble et pleurions nos malheurs :
Mais au lieu d'espérance il n'avoit que des pleurs ;
Et, malgré des soupirs si doux, si favorables,
Mon père et mon devoir étoient inexorables.

Enfin je quittai Rome et ce parfait amant,
Pour suivre ici mon père en son gouvernement;
Et lui, désespéré, s'en alla dans l'armée [20]
Chercher d'un beau trépas l'illustre renommée.
Le reste, tu le sais. Mon abord en ces lieux
Me fit voir Polyeucte, et je plus à ses yeux :
Et comme il est ici le chef de la noblesse,
Mon père fut ravi qu'il me prît pour maîtresse ;
Et par son alliance il se crut assuré
D'être plus redoutable et plus considéré ;
Il approuva sa flamme, et conclut l'hyménée :
Et moi, comme à son lit je me vis destinée,
Je donnai par devoir à son affection [21]
Tout ce que l'autre avoit par inclination.
Si tu peux en douter, juge-le par la crainte [22]
Dont en ce triste jour tu me vois l'ame atteinte.

STRATONICE.

Elle fait assez voir à quel point vous l'aimez.
Mais quel songe, après tout, tient vos sens alarmés ?

PAULINE.

Je l'ai vu cette nuit, ce malheureux Sévère,
La vengeance à la main, l'œil ardent de colère :
Il n'étoit point couvert de ces tristes lambeaux
Qu'une ombre désolée emporte des tombeaux :
Il n'étoit point percé de ces coups pleins de gloire
Qui retranchant sa vie assurent sa mémoire ;
Il sembloit triomphant, et tel que sur son char
Victorieux dans Rome entre notre César.
Après un peu d'effroi que m'a donné sa vue :
« Porte à qui tu voudras la faveur qui m'est due,
Ingrate, m'a-t-il dit ; et, ce jour expiré,
Pleure à loisir l'époux que tu m'as préféré. »

A ces mots j'ai frémi, mon ame s'est troublée.
Ensuite, des chrétiens une impie assemblée,
Pour avancer l'effet de ce discours fatal,
A jeté Polyeucte aux pieds de son rival.
Soudain à son secours j'ai réclamé mon père.
Hélas ! c'est de tout point ce qui me désespère ! 23
J'ai vu mon père même, un poignard à la main,
Entrer le bras levé pour lui percer le sein.
Là, ma douleur trop forte a brouillé ces images ;
Le sang de Polyeucte a satisfait leurs rages :
Je ne sais ni comment ni quand ils l'ont tué,
Mais je sais qu'à sa mort tous ont contribué.
Voilà quel est mon songe. 24

STRATONICE.

Il est vrai qu'il est triste ;
Mais il faut que votre ame à ces frayeurs résiste :
La vision, de soi, peut faire quelque horreur, 25
Mais non pas vous donner une juste terreur.
Pouvez-vous craindre un mort ? pouvez-vous craindre un père
Qui chérit votre époux, que votre époux révère,
Et dont le juste choix vous a donnée à lui
Pour s'en faire en ces lieux un ferme et sûr appui ?

PAULINE.

Il m'en a dit autant, et rit de mes alarmes :
Mais je crains des chrétiens les complots et les charmes,
Et que sur mon époux leur troupeau ramassé
Ne venge tant de sang que mon père a versé.

STRATONICE.

Leur secte est insensée, impie, et sacrilège,
Et dans son sacrifice use de sortilège :
Mais sa fureur ne va qu'à briser nos autels ;
Elle n'en veut qu'aux dieux, et non pas aux mortels.

Quelque severité que sur eux on déploie;
Ils souffrent sans murmure, et meurent avec joie;
Et depuis qu'on les traite en criminels d'état,
On ne peut les charger d'aucun assassinat.

PAULINE.

Tais-toi, mon père vient.

SCÈNE IV.

FÉLIX, ALBIN, PAULINE, STRATONICE.

FÉLIX.

MA fille, que ton songe
En d'étranges frayeurs ainsi que toi me plonge!
Que j'en crains les effets, qui semblent s'approcher!

PAULINE.

Quelle subite alarme ainsi vous peut toucher?

FÉLIX.

Sévère n'est point mort. [1]

PAULINE.

Quel mal nous fait sa vie?

FÉLIX.

Il est le favori de l'empereur Décie.

PAULINE.

Après l'avoir sauvé des mains des ennemis,
L'espoir d'un si haut rang lui devenoit permis;
Le destin, aux grands cœurs si souvent mal propice, [2]
Se résout quelquefois à leur faire justice.

FÉLIX.

Il vient ici lui-même. [3]

ACTE I, SCÈNE IV.

PAULINE.

Il vient !

FÉLIX.

Tu le vas voir.

PAULINE.

C'en est trop ; mais comment le pouvez-vous savoir ?

FÉLIX.

Albin l'a rencontré dans la proche campagne :
Un gros de courtisans en foule l'accompagne, 4
Et montre assez quel est son rang et son crédit.
Mais, Albin, redis-lui ce que ses gens t'ont dit.

ALBIN.

Vous savez quelle fut cette grande journée
Que sa perte pour nous rendit si fortunée,
Où l'empereur captif par sa main dégagé
Rassura son parti déjà découragé,
Tandis que sa vertu succomba sous le nombre ;
Vous savez les honneurs qu'on fit faire à son ombre 5
Après qu'entre les morts on ne le put trouver : 6
Le roi de Perse aussi l'avoit fait enlever.
Témoin de ses hauts faits et de son grand courage,
Ce monarque en voulut connoître le visage :
On le mit dans sa tente, où, tout percé de coups,
Tout mort qu'il paroissoit, il fit mille jaloux.
Là bientôt il montra quelque signe de vie :
Ce prince généreux en eut l'ame ravie ;
Et sa joie, en dépit de son dernier malheur,
Du bras qui le causoit honora la valeur.
Il en fit prendre soin, la cure en fut secrète ; 7
Et comme au bout d'un mois sa santé fut parfaite,

Il offrit dignités, alliance, trésors,
Et pour gagner Sévère il fit cent vains efforts.
Après avoir comblé ses refus de louange,
Il envoie à Décie en proposer l'échange ;
Et soudain l'empereur, transporté de plaisir,
Offre au Perse son frère, et cent chefs à choisir.
Ainsi revint au camp le valeureux Sévère
De sa haute vertu recevoir le salaire :
La faveur de Décie en fut le digne prix.
De nouveau l'on combat, et nous sommes surpris :
Ce malheur toutefois sert à croître sa gloire ;
Lui seul rétablit l'ordre, et gagne la victoire,
Mais si belle, et si pleine, et par tant de beaux faits,
Qu'on nous offre tribut, et nous faisons la paix.
L'empereur, qui lui montre une amour infinie,
Après ce grand succès l'envoie en Arménie ;
Il vient en apporter la nouvelle en ces lieux,
Et par un sacrifice en rendre hommage aux dieux.

FÉLIX.

O ciel ! en quel état ma fortune est réduite !

ALBIN.

Voilà ce que j'ai su d'un homme de sa suite ;
Et j'ai couru, seigneur, pour vous y disposer.

FÉLIX.

Ah ! sans doute, ma fille, il vient pour t'épouser ;
L'ordre d'un sacrifice est pour lui peu de chose,
C'est un prétexte faux dont l'amour est la cause.

PAULINE.

Cela pourroit bien être ; il m'aimoit chèrement.

FÉLIX.

Que ne permettra-t-il à son ressentiment !

Et jusques à quel point ne porte sa vengeance
Une juste colère avec tant de puissance !
Il nous perdra, ma fille.

PAULINE.

Il est trop généreux.

FÉLIX.

Tu veux flatter en vain un père malheureux ;
Il nous perdra, ma fille ! Ah ! regret qui me tue
De n'avoir pas aimé la vertu toute nue !
Ah ! Pauline, en effet tu m'as trop obéi ;
Ton courage étoit bon, ton devoir l'a trahi. [11]
Que ta rébellion m'eût été favorable !
Qu'elle m'eût garanti d'un état déplorable !
Si quelque espoir me reste, il n'est plus aujourd'hui
Qu'en l'absolu pouvoir qu'il te donnoit sur lui.
Ménage en ma faveur l'amour qui le possède, [12]
Et d'où provient mon mal fais sortir le remède.

PAULINE.

Moi ! moi, que je revoie un si puissant vainqueur,
Et m'expose à des yeux qui me percent le cœur !
Mon père, je suis femme, et je sais ma foiblesse ;
Je sens déjà mon cœur qui pour lui s'intéresse,
Et poussera sans doute, en dépit de ma foi,
Quelque soupir indigne et de vous et de moi.
Je ne le verrai point.

FÉLIX.

Rassure un peu ton ame.

PAULINE.

Il est toujours aimable, et je suis toujours femme. [13]
Dans le pouvoir sur moi que ses regards ont eu,
Je n'ose m'assurer de toute ma vertu. [14]

Je ne le verrai point. [15]

FÉLIX.

Il faut le voir, ma fille ;
Ou tu trahis ton père et toute ta famille.

PAULINE.

C'est à moi d'obéir, puisque vous commandez ;
Mais voyez les périls où vous me hasardez.

FÉLIX.

Ta vertu m'est connue.

PAULINE.

Elle vaincra sans doute ;
Ce n'est pas le succès que mon ame redoute ;
Je crains ce dur combat et ces troubles puissants
Que fait déjà chez moi la révolte des sens.
Mais puisqu'il faut combattre un ennemi que j'aime,
Souffrez que je me puisse armer contre moi-même,
Et qu'un peu de loisir me prépare à le voir.

FÉLIX.

Jusqu'au-devant des murs je vais le recevoir. [16]
Rappelle cependant tes forces étonnées, [17]
Et songe qu'en tes mains tu tiens nos destinées.

PAULINE.

Oui, je vais de nouveau domter mes sentiments
Pour servir de victime à vos commandements.

FIN DU PREMIER ACTE.

ACTE SECOND.

SCÈNE I.

SÉVÈRE, FABIAN.

SÉVÈRE.

Cependant que Félix donne ordre au sacrifice, [1]
Pourrai-je prendre un temps à mes vœux si propice ?
Pourrai-je voir Pauline, et rendre à ses beaux yeux [2]
L'hommage souverain que l'on va rendre aux dieux ?
Je ne t'ai point celé que c'est ce qui m'amène ;
Le reste est un prétexte à soulager ma peine ;
Je viens sacrifier, mais c'est à ses beautés
Que je viens immoler toutes mes volontés.

FABIAN.

Vous la verrez, seigneur.

SÉVÈRE.

Ah ! quel comble de joie !
Cette chère beauté consent que je la voie !
Mais ai-je sur son ame encor quelque pouvoir ?
Quelque reste d'amour s'y fait-il encor voir ?
Quel trouble, quel transport lui cause ma venue ?
Puis-je tout espérer de cette heureuse vue ?
Car je voudrois mourir plutôt que d'abuser
Des lettres de faveur que j'ai pour l'épouser ;
Elles sont pour Félix, non pour triompher d'elle :
Jamais à ses désirs mon cœur ne fut rebelle ;

Et si mon mauvais sort avoit changé le sien,
Je me vaincrois moi-même, et ne prétendrois rien.

FABIAN.

Vous la verrez, c'est tout ce que je vous puis dire.

SÉVÈRE.

D'où vient que tu frémis, et que ton cœur soupire ?
Ne m'aime-t-elle plus ? éclaircis-moi ce point.

FABIAN.

M'en croirez-vous, seigneur ? ne la revoyez point ;
Portez en lieu plus haut l'honneur de vos caresses : 3
Vous trouverez à Rome assez d'autres maîtresses ;
Et, dans ce haut degré de puissance et d'honneur,
Les plus grands y tiendront votre amour à bonheur.

SÉVÈRE.

Qu'à des pensers si bas mon ame se ravale !
Que je tienne Pauline à mon sort inégale !
Elle en a mieux usé, je la dois imiter ;
Je n'aime mon bonheur que pour la mériter.
Voyons-la, Fabian ; ton discours m'importune :
Allons mettre à ses pieds cette haute fortune ;
Je l'ai dans les combats trouvée heureusement
En cherchant une mort digne de son amant.
Ainsi ce rang est sien, cette faveur est sienne, 4
Et je n'ai rien enfin que d'elle je ne tienne.

FABIAN.

Non, mais encore un coup ne la revoyez point.

SÉVÈRE.

Ah ! c'en est trop, enfin éclaircis-moi ce point ;

As-tu vu des froideurs quand tu l'en as priée ? 5

FABIAN.

Je tremble à vous le dire ; elle est..... 6

SÉVÈRE.

Quoi ?

FABIAN.

Mariée.

SÉVÈRE.

Soutiens-moi, Fabian ; ce coup de foudre est grand, 7
Et frappe d'autant plus que plus il me surprend.

FABIAN.

Seigneur, qu'est devenu ce généreux courage ?

SÉVÈRE.

La constance est ici d'un difficile usage ;
De pareils déplaisirs accablent un grand cœur : 8
La vertu la plus mâle en perd toute vigueur ;
Et quand d'un feu si beau les ames sont éprises,
La mort les trouble moins que de telles surprises.
Je ne suis plus à moi quand j'entends ce discours.
Pauline est mariée ! 9

FABIAN.

Oui, depuis quinze jours :
Polyeucte, un seigneur des premiers d'Arménie,
Goûte de son hymen la douceur infinie.

SÉVÈRE.

Je ne la puis du moins blâmer d'un mauvais choix ;
Polyeucte a du nom, et sort du sang des rois.
Foibles soulagements d'un malheur sans remède !
Pauline, je verrai qu'un autre vous possède !

O ciel, qui malgré moi me renvoyez au jour,
O sort, qui redonniez l'espoir à mon amour,
Reprenez la faveur que vous m'avez prêtée,
Et rendez-moi la mort que vous m'avez ôtée !
Voyons-la toutefois, et dans ce triste lieu
Achevons de mourir en lui disant adieu.
Que mon cœur, chez les morts emportant son image,
De son dernier soupir puisse lui faire hommage.

FABIAN.

Seigneur, considérez....

SÉVÈRE.

Tout est considéré.
Quel désordre peut craindre un cœur désespéré ?
N'y consent-elle pas ?

FABIAN.

Oui, seigneur; mais....

SÉVÈRE.

N'importe.

FABIAN.

Cette vive douleur en deviendra plus forte.

SÉVÈRE.

Et ce n'est pas un mal que je veuille guérir ;
Je ne veux que la voir, soupirer, et mourir.

FABIAN.

Vous vous échapperez sans doute en sa présence.
Un amant qui perd tout n'a plus de complaisance ;
Dans un tel entretien il suit sa passion,
Et ne pousse qu'injure et qu'imprécation.

SÉVÈRE.

Juge autrement de moi : mon respect dure encore ;
Tout violent qu'il est, mon désespoir l'adore.

ACTE II, SCÈNE I.

Quels reproches aussi peuvent m'être permis ?
De quoi puis-je accuser qui ne m'a rien promis ?
Elle n'est point parjure, elle n'est point légère ;
Son devoir m'a trahi, mon malheur, et son père. 12
Mais son devoir fut juste, et son père eut raison ; 13
J'impute à mon malheur toute la trahison.
Un peu moins de fortune, et plus tôt arrivée, 14
Eût gagné l'un par l'autre, et me l'eût conservée ;
Trop heureux, mais trop tard, je n'ai pu l'acquérir.
Laisse-la-moi donc voir, soupirer, et mourir. 15

FABIAN.

Oui, je vais l'assurer qu'en ce malheur extrême
Vous êtes assez fort pour vous vaincre vous-même.
Elle a craint comme moi ces premiers mouvements
Qu'une perte imprévue arrache aux vrais amants,
Et dont la violence excite assez de trouble,
Sans que l'objet présent l'irrite et le redouble.

SÉVÈRE.

Fabian, je la vois.

FABIAN.

Seigneur, souvenez-vous...

SÉVÈRE.

Hélas ! elle aime un autre ! un autre est son époux !

SCÈNE II.

PAULINE, SÉVÈRE, STRATONICE, FABIAN.

PAULINE.

Oui, je l'aime, Sévère, et n'en fais point d'excuse.
Que tout autre que moi vous flatte et vous abuse ;

Pauline a l'ame noble, et parle à cœur ouvert. ¹
Le bruit de votre mort n'est point ce qui vous perd. ²
Si le ciel en mon choix eût mis mon hyménée,
A vos seules vertus je me serois donnée ;
Et toute la rigueur de votre premier sort
Contre votre mérite eût fait un vain effort.
Je découvrois en vous d'assez illustres marques ³
Pour vous préférer même aux plus heureux monarques :
Mais puisque mon devoir m'imposoit d'autres lois,
De quelque amant pour moi que mon père eût fait choix, ⁴
Quand à ce grand pouvoir que la valeur vous donne
Vous auriez ajouté l'éclat d'une couronne,
Quand je vous aurois vu, quand je l'aurois haï,
J'en aurois soupiré, mais j'aurois obéi,
Et sur mes passions ma raison souveraine
Eût blâmé mes soupirs, et dissipé ma haine.

SÉVÈRE.

Que vous êtes heureuse ! et qu'un peu de soupirs ⁵
Fait un aisé remède à tous vos déplaisirs !
Ainsi, de vos désirs toujours reine absolue,
Les plus grands changements vous trouvent résolue ;
De la plus forte ardeur vous portez vos esprits
Jusqu'à l'indifférence, et peut-être au mépris ;
Et votre fermeté fait succéder sans peine
La faveur au dédain, et l'amour à la haine.
Qu'un peu de votre humeur, ou de votre vertu, ⁶
Soulageroit les maux de ce cœur abattu !
Un soupir, une larme à regret épandue
M'auroit déjà guéri de vous avoir perdue ;
Ma raison pourroit tout sur l'amour affoibli,
Et de l'indifférence iroit jusqu'à l'oubli ;

Et, mon feu désormais se réglant sur le vôtre,
Je me tiendrois heureux entre les bras d'une autre.
O trop aimable objet qui m'avez trop charmé,
Est-ce là comme on aime? et m'avez-vous aimé?

PAULINE.

Je vous l'ai trop fait voir, seigneur; et si mon ame
Pouvoit bien étouffer les restes de sa flamme,
Dieux! que j'éviterois de rigoureux tourments!
Ma raison, il est vrai, dompte mes sentiments;
Mais, quelque autorité que sur eux elle ait prise,
Elle n'y règne pas, elle les tyrannise;
Et, quoique le dehors soit sans émotion, 7
Le dedans n'est que trouble et que sédition:
Un je ne sais quel charme encor vers vous m'emporte,
Votre mérite est grand, si ma raison est forte;
Je le vois, encor tel qu'il alluma mes feux,
D'autant plus puissamment solliciter mes vœux,
Qu'il est environné de puissance et de gloire,
Qu'en tous lieux après vous il traîne la victoire,
Que j'en sais mieux le prix, et qu'il n'a point déçu 8
Le généreux espoir que j'en avois conçu:
Mais ce même devoir qui le vainquit dans Rome,
Et qui me range ici dessous les lois d'un homme,
Repousse encor si bien l'effort de tant d'appas,
Qu'il déchire mon ame, et ne l'ébranle pas.
C'est cette vertu même, à nos désirs cruelle, 9
Que vous louiez alors en blasphémant contre elle:
Plaignez-vous-en encor; mais louez sa rigueur
Qui triomphe à la fois de vous et de mon cœur;
Et voyez qu'un devoir moins ferme et moins sincère 10
N'auroit pas mérité l'amour du grand Sévère.

P. Corneille. 2.

SÉVÈRE.

Ah! madame, excusez une aveugle douleur
Qui ne connoît plus rien que l'excès du malheur:
Je nommois inconstance et prenois pour un crime
De ce juste devoir l'effort le plus sublime.
De grace montrez moins à mes sens désolés
La grandeur de ma perte et ce que vous valez;
Et, cachant par pitié cette vertu si rare
Qui redouble mes feux lorsqu'elle nous sépare,
Faites voir des défauts qui puissent à leur tour [11]
Affoiblir ma douleur avecque mon amour.

PAULINE.

Hélas! cette vertu, quoiqu'enfin invincible,
Ne laisse que trop voir une ame trop sensible.
Ces pleurs en sont témoins, et ces lâches soupirs [12]
Qu'arrachent de nos feux les cruels souvenirs:
Trop rigoureux effets d'une aimable présence [13]
Contre qui mon devoir a trop peu de défense!
Mais si vous estimez ce vertueux devoir,
Conservez-m'en la gloire, et cessez de me voir.
Épargnez-moi des pleurs qui coulent à ma honte;
Épargnez-moi des feux qu'à regret je surmonte;
Enfin épargnez-moi ces tristes entretiens,
Qui ne font qu'irriter vos tourments et les miens.

SÉVÈRE.

Que je me prive ainsi du seul bien qui me reste!

PAULINE.

Sauvez-vous d'une vue à tous les deux funeste.

SÉVÈRE.

Quel prix de mon amour! quel fruit de mes travaux!

PAULINE.

C'est le remède seul qui peut guérir nos maux.

ACTE II, SCÈNE II.

SÉVÈRE.

Je veux mourir des miens ; aimez-en la mémoire.

PAULINE.

Je veux guérir des miens ; ils souilleroient ma gloire.

SÉVÈRE.

Ah ! puisque votre gloire en prononce l'arrêt,
Il faut que ma douleur cède à son intérêt.
Est-il rien que sur moi cette gloire n'obtienne ? 14
Elle me rend les soins que je dois à la mienne.
Adieu : je vais chercher au milieu des combats
Cette immortalité que donne un beau trépas,
Et remplir dignement, par une mort pompeuse,
De mes premiers exploits l'attente avantageuse ;
Si toutefois, après ce coup mortel du sort, 15
J'ai de la vie assez pour chercher une mort.

PAULINE.

Et moi, dont votre vue augmente le supplice,
Je l'éviterai même en votre sacrifice ;
Et, seule dans ma chambre enfermant mes regrets,
Je vais pour vous aux dieux faire des vœux secrets.

SÉVÈRE.

Puisse le juste ciel, content de ma ruine,
Combler d'heur et de jours Polyeucte et Pauline !

PAULINE.

Puisse trouver Sévère, après tant de malheur, 16
Une félicité digne de sa valeur !

SÉVÈRE.

Il la trouvoit en vous.

PAULINE.

Je dépendois d'un père.

SÉVÈRE.

O devoir qui me perd et qui me désespère !

Adieu, trop vertueux objet, et trop charmant.

PAULINE.

Adieu, trop malheureux et trop parfait amant.

SCÈNE III.

PAULINE, STRATONICE.

STRATONICE.

Je vous ai plaints tous deux, j'en verse encor des larmes.
Mais du moins votre esprit est hors de ses alarmes :
Vous voyez clairement que votre songe est vain ;
Sévère ne vient pas la vengeance à la main.

PAULINE.

Laisse-moi respirer du moins si tu m'as plainte ;
Au fort de ma douleur tu rappelles ma crainte :
Souffre un peu de relâche à mes esprits troublés ;
Et ne m'accable point par des maux redoublés.

STRATONICE.

Quoi ! vous craignez encor ?

PAULINE.

Je tremble, Stratonice ;
Et, bien que je m'effraie avec peu de justice,
Cette injuste frayeur sans cesse reproduit
L'image des malheurs que j'ai vus cette nuit.

STRATONICE.

Sévère est généreux.

PAULINE.

Malgré sa retenue,
Polyeucte sanglant frappe toujours ma vue.

STRATONICE.
Vous voyez ce rival faire des vœux pour lui.
PAULINE.
Je crois même au besoin qu'il seroit son appui :
Mais soit cette croyance ou fausse, ou véritable,
Son séjour en ce lieu m'est toujours redoutable ;
A quoi que sa vertu puisse le disposer,
Il est puissant, il m'aime, et vient pour m'épouser.

SCÈNE IV.

POLYEUCTE, NÉARQUE, PAULINE, STRATONICE.

POLYEUCTE.
C'est trop verser de pleurs ; il est temps qu'ils tarissent,
Que votre douleur cesse, et vos craintes finissent ;
Malgré les faux avis par vos dieux envoyés,
Je suis vivant, madame, et vous me revoyez.
PAULINE.
Le jour est encor long ; et, ce qui plus m'effraie,
La moitié de l'avis se trouve déjà vraie :
J'ai cru Sévère mort, et je le vois ici.
POLYEUCTE.
Je le sais ; mais enfin j'en prends peu de souci.
Je suis dans Mélitène ; et, quel que soit Sévère,
Votre père y commande ; et l'on m'y considère ;
Et je ne pense pas qu'on puisse avec raison
D'un cœur tel que le sien craindre une trahison :
On m'avoit assuré qu'il vous faisoit visite,
Et je venois lui rendre un honneur qu'il mérite.

PAULINE.

Il vient de me quitter assez triste et confus;
Mais j'ai gagné sur lui qu'il ne me verra plus.

POLYEUCTE.

Quoi ! vous me soupçonnez déjà de quelque ombrage ?

PAULINE.

Je ferois à tous trois un trop sensible outrage. 4
J'assure mon repos que troublent ses regards.
La vertu la plus ferme évite les hasards :
Qui s'expose au péril veut bien trouver sa perte :
Et, pour vous en parler avec une ame ouverte,
Depuis qu'un vrai mérite a pu nous enflammer,
Sa présence toujours a droit de nous charmer.
Outre qu'on doit rougir de s'en laisser surprendre,
On souffre à résister, on souffre à s'en défendre;
Et, bien que la vertu triomphe de ces feux,
La victoire est pénible, et le combat honteux.

POLYEUCTE.

O vertu trop parfaite, et devoir trop sincère, 5
Que vous devez coûter de regrets à Sévère !
Qu'aux dépens d'un beau feu vous me rendez heureux ! 6
Et que vous êtes doux à mon cœur amoureux !
Plus je vois mes défauts, et plus je vous contemple,
Plus j'admire....

SCÈNE V.

POLYEUCTE, PAULINE, NÉARQUE, STRATONICE, CLÉON.

CLÉON.

Seigneur, Félix vous mande au temple;

La victime est choisie, et le peuple à genoux ;
Et pour sacrifier on n'attend plus que vous.

POLYEUCTE.

Va, nous allons te suivre. Y venez-vous, madame ?

PAULINE.

Sévère craint ma vue, elle irrite sa flamme ;
Je lui tiendrai parole, et ne veux plus le voir.
Adieu : vous l'y verrez ; pensez à son pouvoir,
Et ressouvenez-vous que sa faveur est grande. 1

POLYEUCTE.

Allez, tout son crédit n'a rien que j'appréhende ;
Et comme je connois sa générosité,
Nous ne nous combattrons que de civilité. 2

SCÈNE VI.

POLYEUCTE, NÉARQUE.

NÉARQUE.

Où pensez-vous aller ?

POLYEUCTE.

       Au temple où l'on m'appelle.

NÉARQUE.

Quoi ! vous mêler aux vœux d'une troupe infidèle ?
Oubliez-vous déjà que vous êtes chrétien ?

POLYEUCTE.

Vous par qui je le suis, vous en souvient-il bien ?

NÉARQUE.

J'abhorre les faux dieux.

POLYEUCTE.
                    Et moi, je les déteste.
NÉARQUE.
Je tiens leur culte impie.
POLYEUCTE.
                    Et je le tiens funeste.
NÉARQUE.
Fuyez donc leurs autels.
POLYEUCTE.
                    Je les veux renverser,
Et mourir dans leur temple, ou les y terrasser.
Allons, mon cher Néarque, allons aux yeux des hommes
Braver l'idolâtrie, et montrer qui nous sommes :
C'est l'attente du ciel, il nous la faut remplir ;
Je viens de le promettre, et je vais l'accomplir.
Je rends graces au dieu que tu m'as fait connoître
De cette occasion qu'il a sitôt fait naître,
Où déjà sa bonté, prête à me couronner,
Daigne éprouver la foi qu'il vient de me donner.
NÉARQUE.
Ce zèle est trop ardent, souffrez qu'il se modère.
POLYEUCTE.
On n'en peut avoir trop pour le dieu qu'on révère.
NÉARQUE.
Vous trouverez la mort.
POLYEUCTE.
                    Je la cherche pour lui.
NÉARQUE.
Et si ce cœur s'ébranle ?
POLYEUCTE.
                    Il sera mon appui.

ACTE II, SCÈNE VI.

NÉARQUE.

Il ne commande point que l'on s'y précipite.

POLYEUCTE.

Plus elle est volontaire, et plus elle mérite.

NÉARQUE.

Il suffit, sans chercher, d'attendre et de souffrir.

POLYEUCTE.

On souffre avec regret, quand on n'ose s'offrir.

NÉARQUE.

Mais dans ce temple enfin la mort est assurée.

POLYEUCTE.

Mais dans le ciel déjà la palme est préparée.

NÉARQUE.

Par une sainte vie il faut la mériter.

POLYEUCTE.

Mes crimes en vivant me la pourroient ôter.
Pourquoi mettre au hasard ce que la mort assure ?
Quand elle ouvre le ciel, peut-elle sembler dure ?
Je suis chrétien, Néarque, et le suis tout-à-fait ;
La foi que j'ai reçue aspire à son effet.
Qui fuit croit lâchement, et n'a qu'une foi morte.

NÉARQUE.

Ménagez votre vie, à Dieu même elle importe ;
Vivez pour protéger les chrétiens en ces lieux.

POLYEUCTE.

L'exemple de ma mort les fortifiera mieux.

NÉARQUE.

Vous voulez donc mourir ?

POLYEUCTE.

Vous aimez donc à vivre?

NÉARQUE.

Je ne puis déguiser que j'ai peine à vous suivre.
Sous l'horreur des tourments je crains de succomber.

POLYEUCTE.

Qui marche assurément n'a point peur de tomber:
Dieu fait part, au besoin, de sa force infinie.
Qui craint de le nier, dans son ame le nie;
Il croit le pouvoir faire, et doute de sa foi.

NÉARQUE.

Qui n'appréhende rien présume trop de soi.

POLYEUCTE.

J'attends tout de sa grace, et rien de ma foiblesse.
Mais loin de me presser, il faut que je vous presse!
D'où vient cette froideur?

NÉARQUE.

Dieu même a craint la mort.

POLYEUCTE.

Il s'est offert pourtant: suivons ce saint effort;
Dressons-lui des autels sur des monceaux d'idoles.
Il faut, je me souviens encor de vos paroles,
Négliger, pour lui plaire, et femme, et biens, et rang;
Exposer pour sa gloire et verser tout son sang.
Hélas! qu'avez-vous fait de cette amour parfaite
Que vous me souhaitiez, et que je vous souhaite?
S'il vous en reste encor, n'êtes-vous point jaloux
Qu'à grand'peine chrétien j'en montre plus que vous?

NÉARQUE.

Vous sortez du baptême; et ce qui vous anime,
C'est sa grace qu'en vous n'affoiblit aucun crime;

ACTE II, SCÈNE VI.

Comme encor tout entière, elle agit pleinement,
Et tout semble possible à son feu véhément:
Mais cette même grace en moi diminuée,
Et par mille péchés sans cesse exténuée,
Agit aux grands effets avec tant de langueur,
Que tout semble impossible à son peu de vigueur.
Cette indigne mollesse et ces lâches défenses
Sont des punitions qu'attirent mes offenses;
Mais Dieu, dont on ne doit jamais se défier, [3]
Me donne votre exemple à me fortifier.
Allons, cher Polyeucte, allons aux yeux des hommes
Braver l'idolâtrie, et montrer qui nous sommes;
Puissé-je vous donner l'exemple de souffrir,
Comme vous me donnez celui de vous offrir!

POLYEUCTE.

A cet heureux transport que le ciel vous envoie,
Je reconnois Néarque, et j'en pleure de joie.
Ne perdons plus de temps; le sacrifice est prêt;
Allons-y du vrai Dieu soutenir l'intérêt;
Allons fouler aux pieds ce foudre ridicule [4]
Dont arme un bois pourri ce peuple trop crédule;
Allons en éclairer l'aveuglement fatal; [5]
Allons briser ces dieux de pierre et de métal; [6]
Abandonnons nos jours à cette ardeur céleste;
Faisons triompher Dieu: qu'il dispose du reste.

NÉARQUE.

Allons faire éclater sa gloire aux yeux de tous, [7]
Et répondre avec zèle à ce qu'il veut de nous.

FIN DU SECOND ACTE.

ACTE TROISIÈME.

SCÈNE I.

PAULINE.

Que de soucis flottants, que de confus nuages,
Présentent à mes yeux d'inconstantes images !
Douce tranquillité que je n'ose espérer,
Que ton divin rayon tarde à les éclairer !
Mille agitations que mes troubles produisent
Dans mon cœur ébranlé tour à tour se détruisent;
Aucun espoir n'y coule où j'ose persister;
Aucun effroi n'y règne où j'ose m'arrêter.
Mon esprit, embrassant tout ce qu'il s'imagine,
Voit tantôt mon bonheur, et tantôt ma ruine,
Et suit leur vaine idée avec si peu d'effet
Qu'il ne peut espérer ni craindre tout-à-fait.
Sévère incessamment brouille ma fantaisie: 1.
J'espère en sa vertu, je crains sa jalousie;
Et je n'ose penser que d'un œil bien égal
Polyeucte en ces lieux puisse voir son rival.
Comme entre deux rivaux la haine est naturelle,
L'entrevue aisément se termine en querelle;
L'un voit aux mains d'autrui ce qu'il croit mériter, 2.
L'autre un désespéré qui peut trop attenter.
Quelque haute raison qui règle leur courage,
L'un conçoit de l'envie, et l'autre de l'ombrage;

La honte d'un affront que chacun d'eux croit voir
Ou de nouveau reçue, ou prête à recevoir,
Consumant dès l'abord toute leur patience,
Forme de la colère et de la défiance ;
Et, saisissant ensemble et l'époux et l'amant,
En dépit d'eux les livre à leur ressentiment....
Mais que je me figure une étrange chimère !
Et que je traite mal Polyeucte et Sévère,
Comme si la vertu de ces fameux rivaux
Ne pouvoit s'affranchir de ces communs défauts !
Leurs ames à tous deux d'elles-mêmes maîtresses 3
Sont d'un ordre trop haut pour de telles bassesses :
Ils se verront au temple en hommes généreux.
Mais, las ! ils se verront, et c'est beaucoup pour eux. 4
Que sert à mon époux d'être dans Mélitène,
Si contre lui Sévère arme l'aigle romaine,
Si mon père y commande, et craint ce favori,
Et se repent déjà du choix de mon mari ? 5
Si peu que j'ai d'espoir ne luit qu'avec contrainte ; 6
En naissant il avorte, et fait place à la crainte ;
Ce qui doit l'affermir sert à le dissiper.
Dieux, faites que ma peur puisse enfin se tromper ! 7
Mais sachons-en l'issue.

SCÈNE II.

PAULINE, STRATONICE.

PAULINE.

Eh bien, ma Stratonice,
Comment s'est terminé ce pompeux sacrifice ?

Ces rivaux généreux au temple se sont vus ?

STRATONICE.

Ah Pauline !

PAULINE.

Mes vœux ont-ils été déçus ?
J'en vois sur ton visage une mauvaise marque.
Se sont-ils querellés ?

STRATONICE.

Polyeucte, Néarque,
Les chrétiens....

PAULINE.

Parle donc, les chrétiens....

STRATONICE.

Je ne puis.

PAULINE.

Tu prépares mon ame à d'étranges ennuis.

STRATONICE.

Vous n'en sauriez avoir une plus juste cause.

PAULINE.

L'ont-ils assassiné ?

STRATONICE.

Ce seroit peu de chose.
Tout votre songe est vrai, Polyeucte n'est plus....

PAULINE.

Il est mort ?

STRATONICE.

Non, il vit ; mais, ô pleurs superflus !
Ce courage si grand, cette ame si divine,
N'est plus digne du jour, ni digne de Pauline.
Ce n'est plus cet époux si charmant à vos yeux ;
C'est l'ennemi commun de l'état et des dieux,

Un méchant, un infâme, un rebelle, un perfide, [1]
Un traître, un scélérat, un lâche, un parricide,
Une peste exécrable à tous les gens de bien,
Un sacrilège impie, en un mot un chrétien.

PAULINE.

Ce mot auroit suffi sans ce torrent d'injures.

STRATONICE.

Ces titres aux chrétiens sont-ce des impostures ?

PAULINE.

Il est ce que tu dis, s'il embrasse leur foi;
Mais il est mon époux, et tu parles à moi.

STRATONICE.

Ne considérez plus que le dieu qu'il adore.

PAULINE.

Je l'aimai par devoir; ce devoir dure encore.

STRATONICE.

Il vous donne à présent sujet de le haïr:
Qui trahit tous nos dieux auroit pu vous trahir.

PAULINE.

Je l'aimerois encor, quand il m'auroit trahie;
Et si de tant d'amour tu peux être ébahie, [2]
Apprends que mon devoir ne dépend point du sien:
Qu'il y manque, s'il veut; je dois faire le mien.
Quoi! s'il aimoit ailleurs, serois-je dispensée [3]
A suivre, à son exemple, une ardeur insensée?
Quelque chrétien qu'il soit, je n'en ai point d'horreur;
Je chéris sa personne, et je hais son erreur.
Mais quel ressentiment en témoigne mon père?

STRATONICE.

Une secrète rage, un excès de colère,

Malgré qui toutefois un reste d'amitié
Montre pour Polyeucte encor quelque pitié.
Il ne veut point sur lui faire agir sa justice, 4
Que du traître Néarque il n'ait vu le supplice.

PAULINE.

Quoi ! Néarque en est donc ?

STRATONICE.

Néarque l'a séduit ;
De leur vieille amitié c'est là l'indigne fruit.
Ce perfide tantôt, en dépit de lui-même,
L'arrachant de vos bras le traînoit au baptême.
Voilà ce grand secret et si mystérieux
Que n'en pouvoit tirer votre amour curieux.

PAULINE.

Tu me blâmois alors d'être trop importune.

STRATONICE.

Je ne prévoyois pas une telle infortune.

PAULINE.

Avant qu'abandonner mon ame à mes douleurs,
Il me faut essayer la force de mes pleurs ; 5
En qualité de femme, ou de fille, j'espère
Qu'ils vaincront un époux, ou fléchiront un père.
Que si sur l'un et l'autre ils manquent de pouvoir,
Je ne prendrai conseil que de mon désespoir.
Apprends-moi cependant ce qu'ils ont fait au temple.

STRATONICE.

C'est une impiété qui n'eut jamais d'exemple.
Je ne puis y penser sans frémir à l'instant, 6
Et crains de faire un crime en vous la racontant.
Apprenez en deux mots leur brutale insolence.
Le prêtre avoit à peine obtenu du silence,

Et devers l'orient assuré son aspect,
Qu'ils ont fait éclater leur manque de respect.
A chaque occasion de la cérémonie,
A l'envi l'un et l'autre étaloit sa manie,
Des mystères sacrés hautement se moquoit,
Et traitoit de mépris les dieux qu'on invoquoit.
Tout le peuple en murmure, et Félix s'en offense.
Mais tous deux s'emportant à plus d'irrévérence,
« Quoi ! lui dit Polyeucte en élevant sa voix,
Adorez-vous des dieux ou de pierre ou de bois ? »
 Ici dispensez-moi du récit des blasphèmes 7
Qu'ils ont vomis tous deux contre Jupiter mêmes : 8
L'adultère et l'inceste en étoient les plus doux.
« Oyez, dit-il ensuite, oyez, peuple ; oyez, tous. 9
Le Dieu de Polyeucte et celui de Néarque
De la terre et du ciel est l'absolu monarque,
Seul être indépendant, seul maître du destin,
Seul principe éternel, et souveraine fin.
C'est ce Dieu des chrétiens qu'il faut qu'on remercie
Des victoires qu'il donne à l'empereur Décie :
Lui seul tient en sa main le succès des combats ;
Il le veut élever, il le peut mettre à bas ;
Sa bonté, son pouvoir, sa justice est immense ;
C'est lui seul qui punit, lui seul qui récompense :
Vous adorez en vain des monstres impuissants. »
Se jetant à ces mots sur le vin et l'encens,
Après en avoir mis les saints vases par terre,
Sans crainte de Félix, sans crainte du tonnerre,
D'une fureur pareille ils courent à l'autel.
Cieux ! a-t-on vu jamais, a-t-on rien vu de tel !
Du plus puissant des dieux nous voyons la statue
Par une main impie à leurs pieds abattue,

Les mystères troublés, le temple profané,
La fuite et les clameurs d'un peuple mutiné 10.
Qui craint d'être accablé sous le courroux céleste.
Félix.... Mais le voici qui vous dira le reste. 11.

PAULINE.

Que son visage est sombre et plein d'émotion !
Qu'il montre de tristesse et d'indignation !

SCÈNE III.

FÉLIX, PAULINE, STRATONICE.

FÉLIX.

UNE telle insolence avoir osé paroître !
En public ! à ma vue ! Il en mourra, le traître !

PAULINE.

Souffrez que votre fille embrasse vos genoux.

FÉLIX.

Je parle de Néarque, et non de votre époux.
Quelque indigne qu'il soit de ce doux nom de gendre,
Mon ame lui conserve un sentiment plus tendre ;
La grandeur de son crime et de mon déplaisir
N'a pas éteint l'amour qui me l'a fait choisir.

PAULINE.

Je n'attendois pas moins de la bonté d'un père.

FÉLIX.

Je pouvois l'immoler à ma juste colère :
Car vous n'ignorez pas à quel comble d'horreur,
De son audace impie a monté la fureur ;
Vous l'avez pu savoir du moins de Stratonice.

PAULINE.

Je sais que de Néarque il doit voir le supplice.

ACTE III, SCÈNE III.

FÉLIX.

Du conseil qu'il doit prendre il sera mieux instruit,
Quand il verra punir celui qui l'a séduit.
Au spectacle sanglant d'un ami qu'il faut suivre,
La crainte de mourir et le désir de vivre
Ressaisissent une ame avec tant de pouvoir,
Que qui voit le trépas cesse de le vouloir.
L'exemple touche plus que ne fait la menace :
Cette indiscrète ardeur tourne bientôt en glace ;
Et nous verrons bientôt son cœur inquiété
Me demander pardon de tant d'impiété.

PAULINE.

Vous pouvez espérer qu'il change de courage ?

FÉLIX.

Aux dépens de Néarque il doit se rendre sage.

PAULINE.

Il le doit ; mais, hélas ! où me renvoyez-vous ?
Et quels tristes hasards ne court point mon époux,
Si de son inconstance il faut qu'enfin j'espère
Le bien que j'espérois de la bonté d'un père !

FÉLIX.

Je vous en fais trop voir, Pauline, à consentir
Qu'il évite la mort par un prompt repentir.
Je devois même peine à des crimes semblables ;
Et, mettant différence entre ces deux coupables,
J'ai trahi la justice à l'amour paternel ;
Je me suis fait pour lui moi-même criminel ;
Et j'attendois de vous, au milieu de vos craintes,
Plus de remercîments que je n'entends de plaintes.

PAULINE.

De quoi remercier qui ne me donne rien?
Je sais quelle est l'humeur et l'esprit d'un chrétien.
Dans l'obstination jusqu'au bout il demeure :
Vouloir son repentir, c'est ordonner qu'il meure.

FÉLIX.

Sa grace est en sa main, c'est à lui d'y rêver.

PAULINE.

Faites-la tout entière.

FÉLIX.

Il la peut achever.

PAULINE.

Ne l'abandonnez pas aux fureurs de sa secte.

FÉLIX.

Je l'abandonne aux lois, qu'il faut que je respecte.

PAULINE.

Est-ce ainsi que d'un gendre un beau-père est l'appui?

FÉLIX.

Qu'il fasse autant pour soi comme je fais pour lui. [3]

PAULINE.

Mais il est aveuglé.

FÉLIX.

Mais il se plaît à l'être.
Qui chérit son erreur ne la veut pas connoître.

PAULINE.

Mon père, au nom des dieux.....

FÉLIX.

Ne les réclamez pas,
Ces dieux dont l'intérêt demande son trépas.

ACTE III, SCÈNE III.

PAULINE.

Ils écoutent nos vœux.

FÉLIX.

Eh bien, qu'il leur en fasse.

PAULINE.

Au nom de l'empereur, dont vous tenez la place....

FÉLIX.

J'ai son pouvoir en main ; mais, s'il me l'a commis,
C'est pour le déployer contre ses ennemis.

PAULINE.

Polyeucte l'est-il ?

FÉLIX.

Tous chrétiens sont rebelles.

PAULINE.

N'écoutez point pour lui ces maximes cruelles ;
En épousant Pauline il s'est fait votre sang.

FÉLIX.

Je regarde sa faute, et ne vois plus son rang.
Quand le crime d'état se mêle au sacrilège,
Le sang ni l'amitié n'ont plus de privilège.

PAULINE.

Quel excès de rigueur !

FÉLIX.

Moindre que son forfait.

PAULINE.

O de mon songe affreux trop véritable effet !
Voyez-vous qu'avec lui vous perdez votre fille ?

FÉLIX.

Les dieux et l'empereur sont plus que ma famille.

PAULINE.

La perte de tous deux ne vous peut arrêter!

FÉLIX.

J'ai les dieux et Décie ensemble à redouter.
Mais nous n'avons encore à craindre rien de triste:
Dans son aveuglement pensez-vous qu'il persiste?
S'il nous sembloit tantôt courir à son malheur,
C'est d'un nouveau chrétien la première chaleur.

PAULINE.

Si vous l'aimez encor, quittez cette espérance
Que deux fois en un jour il change de croyance:
Outre que les chrétiens ont plus de dureté,
Vous attendez de lui trop de légèreté.
Ce n'est point une erreur avec le lait sucée,
Que sans l'examiner son ame ait embrassée;
Polyeucte est chrétien parcequ'il l'a voulu,
Et vous portoit au temple un esprit résolu.
Vous devez présumer de lui comme du reste:
Le trépas n'est pour eux ni honteux ni funeste;
Ils cherchent de la gloire à mépriser nos dieux;
Aveugles pour la terre, ils aspirent aux cieux;
Et, croyant que la mort leur en ouvre la porte,
Tourmentés, déchirés, assassinés, n'importe,
Les supplices leur sont ce qu'à nous les plaisirs,
Et les mènent au but où tendent leurs désirs:
La mort la plus infâme ils l'appellent martyre.

FÉLIX.

Eh bien donc, Polyeucte aura ce qu'il désire:
N'en parlons plus.

PAULINE.

    Mon père....

SCÈNE IV.

FÉLIX, ALBIN, PAULINE, STRATONICE.

FÉLIX.

Albin, en est-ce fait?

ALBIN.

Oui, seigneur; et Néarque a payé son forfait.

FÉLIX.

Et notre Polyeucte a vu trancher sa vie?

ALBIN.

Il l'a vu, mais, hélas! avec un œil d'envie.
Il brûle de le suivre, au lieu de reculer;
Et son cœur s'affermit, au lieu de s'ébranler.

PAULINE.

Je vous le disois bien. Encore un coup, mon père,
Si jamais mon respect a pu vous satisfaire,
Si vous l'avez prisé, si vous l'avez chéri....

FÉLIX.

Vous aimez trop, Pauline, un indigne mari.

PAULINE.

Je l'ai de votre main : mon amour est sans crime;
Il est de votre choix la glorieuse estime;
Et j'ai, pour l'accepter, éteint le plus beau feu
Qui d'une ame bien née ait mérité l'aveu.
Au nom de cette aveugle et prompte obéissance
Que j'ai toujours rendue aux lois de la naissance,
Si vous avez pu tout sur moi, sur mon amour,
Que je puisse sur vous quelque chose à mon tour!

Par ce juste pouvoir à présent trop à craindre,
Par ces beaux sentiments qu'il m'a fallu contraindre,
Ne m'ôtez pas vos dons ; ils sont chers à mes yeux,
Et m'ont assez coûté pour m'être précieux.

FÉLIX.

Vous m'importunez trop : bien que j'aie un cœur tendre,
Je n'aime la pitié qu'au prix que j'en veux prendre :
Employez mieux l'effort de vos justes douleurs ;
Malgré moi m'en toucher, c'est perdre et temps et pleurs ;
J'en veux être le maître, et je veux bien qu'on sache
Que je la désavoue alors qu'on me l'arrache.
Préparez-vous à voir ce malheureux chrétien ;
Et faites votre effort quand j'aurai fait le mien.
Allez ; n'irritez plus un père qui vous aime ;
Et tâchez d'obtenir votre époux de lui-même.
Tantôt jusqu'en ce lieu je le ferai venir :
Cependant quittez-nous ; je veux l'entretenir.

PAULINE.

De grace, permettez...

FÉLIX.

     Laissez-nous seuls, vous dis-je ;
Votre douleur m'offense autant qu'elle m'afflige.
A gagner Polyeucte appliquez tous vos soins ;
Vous avancerez plus en m'importunant moins.

SCÈNE V.

FÉLIX, ALBIN.

FÉLIX.

ALBIN, comme est-il mort ?

ACTE III, SCÈNE IV.

ALBIN.

En brutal, en impie,
En bravant les tourments, en dédaignant la vie,
Sans regret, sans murmure, et sans étonnement,
Dans l'obstination et l'endurcissement,
Comme un chrétien enfin, le blasphème à la bouche.

FÉLIX.

Et l'autre ?

ALBIN.

Je l'ai dit déjà, rien ne le touche :
Loin d'en être abattu, son cœur en est plus haut :
On l'a violenté pour quitter l'échafaud :
Il est dans la prison, où je l'ai vu conduire ;
Mais vous êtes bien loin encor de le réduire.

FÉLIX.

Que je suis malheureux !

ALBIN.

Tout le monde vous plaint.

FÉLIX.

On ne sait pas les maux dont mon cœur est atteint ;
De pensers sur pensers mon ame est agitée, [2]
De soucis sur soucis elle est inquiétée ;
Je sens l'amour, la haine, et la crainte, et l'espoir, [3]
La joie, et la douleur, tour à tour l'émouvoir :
J'entre en des sentiments qui ne sont pas croyables ;
J'en ai de violents, j'en ai de pitoyables ;
J'en ai de généreux qui n'oseroient agir ;
J'en ai même de bas, et qui me font rougir.
J'aime ce malheureux que j'ai choisi pour gendre,
Je hais l'aveugle erreur qui le vient de surprendre ;

Je déplore sa perte, et, le voulant sauver,
J'ai la gloire des dieux ensemble à conserver ;
Je redoute leur foudre, et celui de Décie ;
Il y va de ma charge, il y va de ma vie.
Ainsi tantôt pour lui je m'expose au trépas,
Et tantôt je le perds pour ne me perdre pas.

ALBIN.

Décie excusera l'amitié d'un beau-père ;
Et d'ailleurs Polyeucte est d'un sang qu'on révère.

FÉLIX.

A punir les chrétiens son ordre est rigoureux ; 4
Et plus l'exemple est grand, plus il est dangereux :
On ne distingue point quand l'offense est publique ;
Et, lorsqu'on dissimule un crime domestique,
Par quelle autorité peut-on, par quelle loi,
Châtier en autrui ce qu'on souffre chez soi ?

ALBIN.

Si vous n'osez avoir d'égard à sa personne,
Écrivez à Décie afin qu'il en ordonne.

FÉLIX.

Sévère me perdroit si j'en usois ainsi :
Sa haine et son pouvoir font mon plus grand souci.
Si j'avois différé de punir un tel crime,
Quoiqu'il soit généreux, quoiqu'il soit magnanime,
Il est homme, et sensible, et je l'ai dédaigné ;
Et de tant de mépris son esprit indigné, 5
Que met au désespoir cet hymen de Pauline,
Du courroux de Décie obtiendroit ma ruine.
Pour venger un affront tout semble être permis,
Et les occasions tentent les plus remis.

ACTE III, SCÈNE V.

Peut-être, et ce soupçon n'est pas sans apparence,
Il rallume en son cœur déjà quelque espérance;
Et, croyant bientôt voir Polyeucte puni,
Il rappelle un amour à grand' peine banni.
Juge si sa colère, en ce cas implacable,
Me feroit innocent de sauver un coupable,
Et s'il m'épargneroit, voyant par mes bontés
Une seconde fois ses desseins avortés.
 Te dirai-je un penser indigne, bas, et lâche?
Je l'étouffe, il renaît; il me flatte, et me fâche:
L'ambition toujours me le vient présenter;
Et tout ce que je puis, c'est de le détester.
Polyeucte est ici l'appui de ma famille;
Mais si, par son trépas, l'autre épousoit ma fille, 6
J'acquerrois bien par là de plus puissants appuis,
Qui me mettroient plus haut cent fois que je ne suis:
Mon cœur en prend par force une maligne joie.
Mais que plutôt le ciel à tes yeux me foudroie,
Qu'à des pensers si bas je puisse consentir,
Que jusque-là ma gloire ose se démentir!

ALBIN.

Votre cœur est trop bon, et votre ame trop haute.
Mais vous résolvez-vous à punir cette faute?

FÉLIX.

Je vais dans la prison faire tout mon effort
A vaincre cet esprit par l'effroi de la mort;
Et nous verrons, après, ce que pourra Pauline.

ALBIN.

Que ferez-vous enfin, si toujours il s'obstine?

FÉLIX.

Ne me presse point tant; dans un tel déplaisir,
Je ne puis que résoudre, et ne sais que choisir.

ALBIN.

Je dois vous avertir, en serviteur fidèle, 7
Qu'en sa faveur déjà la ville se rebelle,
Et ne peut voir passer par la rigueur des lois
Sa dernière espérance et le sang de ses rois.
Je tiens sa prison même assez mal assurée;
J'ai laissé tout autour une troupe éplorée;
Je crains qu'on ne la force.

FÉLIX.

Il faut donc l'en tirer,
Et l'amener ici pour nous en assurer.

ALBIN.

Tirez-l'en donc vous-même, et d'un espoir de grace
Apaisez la fureur de cette populace.

FÉLIX.

Allons; et, s'il persiste à demeurer chrétien,
Nous en disposerons sans qu'elle en sache rien.

FIN DU TROISIÈME ACTE.

ACTE QUATRIÈME.
SCÈNE I.

POLYEUCTE, CLÉON, TROIS AUTRES GARDES.

POLYEUCTE.

Gardes, que me veut-on ?

CLÉON.

Pauline vous demande.

POLYEUCTE.

O présence, ô combat que surtout j'appréhende !
Félix, dans la prison j'ai triomphé de toi ;
J'ai ri de ta menace, et t'ai vu sans effroi :
Tu prends pour t'en venger de plus puissantes armes,
Je craignois beaucoup moins tes bourreaux que ses larmes.
  Seigneur, qui vois ici les périls que je cours,
En ce pressant besoin redouble ton secours.
Et toi qui, tout sortant encor de la victoire,
Regardes mes travaux du séjour de la gloire,
Cher Néarque, pour vaincre un si fort ennemi,
Prête du haut du ciel la main à ton ami.
  Gardes, oseriez-vous me rendre un bon office ?
Non pour me dérober aux rigueurs du supplice,
Ce n'est pas mon dessein qu'on me fasse évader ;
Mais comme il suffira de trois à me garder,
L'autre m'obligeroit d'aller querir Sévère ;
Je crois que sans péril on peut me satisfaire :

Si j'avois pu lui dire un secret important,
Il vivroit plus heureux, et je mourrois content.

CLÉON.

Si vous me l'ordonnez, j'y cours en diligence. 2

POLYEUCTE.

Sévère à mon défaut fera ta récompense.
Va, ne perds point de temps, et reviens promptement.

CLÉON.

Je serai de retour, seigneur, dans un moment.

SCÈNE II.¹

POLYEUCTE.

(Les gardes se retirent aux côtés du théâtre.)

Source délicieuse, en misères féconde,
Que voulez-vous de moi, flatteuses voluptés ?
Honteux attachements de la chair et du monde,
Que ne me quittez-vous, quand je vous ai quittés !
Allez, honneurs, plaisirs, qui me livrez la guerre :
 Toute votre félicité, ²
 Sujette à l'instabilité,
 En moins de rien tombe par terre ;
 Et comme elle a l'éclat du verre, ³
 Elle en a la fragilité.

Ainsi n'espérez pas qu'après vous je soupire.
Vous étalez en vain vos charmes impuissants ;
Vous me montrez en vain par tout ce vaste empire
Les ennemis de Dieu pompeux et florissants.
Il étale à son tour des revers équitables
 Par qui les grands sont confondus ;

Et les glaives qu'il tient pendus
Sur les plus fortunés coupables
Sont d'autant plus inévitables
Que leurs coups sont moins attendus.

Tigre altéré de sang, Décie impitoyable,
Ce Dieu t'a trop long-temps abandonné les siens :
De ton heureux destin vois la suite effroyable ;
Le Scythe va venger la Perse et les chrétiens.
Encore un peu plus outre, et ton heure est venue ;
Rien ne t'en sauroit garantir ;
Et la foudre qui va partir,
Toute prête à crever la nue,
Ne peut plus être retenue
Par l'attente du repentir.

Que cependant Félix m'immole à ta colère ;
Qu'un rival plus puissant éblouisse ses yeux ;
Qu'aux dépens de ma vie il s'en fasse beau-père,
Et qu'à titre d'esclave il commande en ces lieux :
Je consens, ou plutôt j'aspire à ma ruine.
Monde, pour moi tu n'as plus rien :
Je porte en un cœur tout chrétien
Une flamme toute divine ;
Et je ne regarde Pauline
Que comme un obstacle à mon bien.

Saintes douceurs du ciel, adorables idées,
Vous remplissez un cœur qui vous peut recevoir :
De vos sacrés attraits les ames possédées
Ne conçoivent plus rien qui les puisse émouvoir.
Vous promettez beaucoup, et donnez davantage :
Vos biens ne sont point inconstants ;
Et l'heureux trépas que j'attends

Ne vous sert que d'un doux passage
Pour nous introduire au partage
Qui nous rend à jamais contents.

C'est vous, ô feu divin que rien ne peut éteindre,
Qui m'allez faire voir Pauline sans la craindre.
Je la vois : mais mon cœur, d'un saint zèle enflammé,
N'en goûte plus l'appât dont il étoit charmé ;
Et mes yeux, éclairés des célestes lumières, 5
Ne trouvent plus aux siens leurs graces coutumières.

SCÈNE III.

POLYEUCTE, PAULINE, GARDES.

POLYEUCTE.

MADAME, quel dessein vous fait me demander ?
Est-ce pour me combattre, ou pour me seconder ?
Cet effort généreux de votre amour parfaite
Vient-il à mon secours, vient-il à ma défaite ? 1
Apportez-vous ici la haine, ou l'amitié,
Comme mon ennemie, ou ma chère moitié ?

PAULINE.

Vous n'avez point ici d'ennemi que vous-même ; 2
Seul vous vous haïssez lorsque chacun vous aime ;
Seul vous exécutez tout ce que j'ai rêvé : 3
Ne veuillez pas vous perdre, et vous êtes sauvé.
A quelque extrémité que votre crime passe,
Vous êtes innocent si vous vous faites grace.
Daignez considérer le sang dont vous sortez,
Vos grandes actions, vos rares qualités :
Chéri de tout le peuple, estimé chez le prince,
Gendre du gouverneur de toute la province ; 4

Je ne vous compte à rien le nom de mon époux,
C'est un bonheur pour moi qui n'est pas grand pour vous,
Mais après vos exploits, après votre naissance, 5
Après votre pouvoir, voyez notre espérance ;
Et n'abandonnez pas à la main d'un bourreau
Ce qu'à nos justes vœux promet un sort si beau.

POLYEUCTE.

Je considère plus : je sais mes avantages, 6
Et l'espoir que sur eux forment les grands courages.
Ils n'aspirent enfin qu'à des biens passagers,
Que troublent les soucis, que suivent les dangers ;
La mort nous les ravit, la fortune s'en joue ;
Aujourd'hui dans le trône, et demain dans la boue ;
Et leur plus haut éclat fait tant de mécontents,
Que peu de vos Césars en ont joui long-temps.
J'ai de l'ambition, mais plus noble et plus belle :
Cette grandeur périt, j'en veux une immortelle,
Un bonheur assuré, sans mesure et sans fin,
Au-dessus de l'envie, au-dessus du destin.
Est-ce trop l'acheter que d'une triste vie, 7
Qui tantôt, qui soudain, me peut être ravie ;
Qui ne me fait jouir que d'un instant qui fuit,
Et ne peut m'assurer de celui qui le suit ?

PAULINE.

Voilà de vos chrétiens les ridicules songes ; 8
Voilà jusqu'à quel point vous charment leurs mensonges :
Tout votre sang est peu pour un bonheur si doux !
Mais, pour en disposer, ce sang est-il à vous ?
Vous n'avez pas la vie ainsi qu'un héritage ;
Le jour qui vous la donne en même temps l'engage :

Vous la devez au prince, au public, à l'état.

POLYEUCTE.

Je la voudrois pour eux perdre dans un combat;
Je sais quel en est l'heur, et quelle en est la gloire.
Des aïeux de Décie on vante la mémoire;
Et ce nom, précieux encore à vos Romains,
Au bout de six cents ans lui met l'empire aux mains.
Je dois ma vie au peuple, au prince, à sa couronne;
Mais je la dois bien plus au dieu qui me la donne.
Si mourir pour son prince est un illustre sort,
Quand on meurt pour son dieu, quelle sera la mort !

PAULINE.

Quel dieu ! 9

POLYEUCTE.

Tout beau, Pauline : il entend vos paroles;
Et ce n'est pas un dieu comme vos dieux frivoles,
Insensibles et sourds, impuissants, mutilés,
De bois, de marbre, ou d'or, comme vous les voulez:
C'est le dieu des chrétiens, c'est le mien, c'est le vôtre;
Et la terre et le ciel n'en connoissent point d'autre.

PAULINE.

Adorez-le dans l'ame, et n'en témoignez rien.

POLYEUCTE.

Que je sois tout ensemble idolâtre et chrétien !

PAULINE.

Ne feignez qu'un moment : laissez partir Sévère,
Et donnez lieu d'agir aux bontés de mon père.

POLYEUCTE.

Les bontés de mon dieu sont bien plus à chérir :
Il m'ôte des périls que j'aurois pu courir; 10

ACTE IV, SCÈNE III.

Et, sans me laisser lieu de tourner en arrière, 11
Sa faveur me couronne entrant dans la carrière ; 12
Du premier coup de vent il me conduit au port,
Et, sortant du baptême, il m'envoie à la mort.
Si vous pouviez comprendre et le peu qu'est la vie,
Et de quelles douceurs cette mort est suivie....
Mais que sert de parler de ces trésors cachés
A des esprits que Dieu n'a pas encor touchés ?

PAULINE.

Cruel ! car il est temps que ma douleur éclate, 13
Et qu'un juste reproche accable une ame ingrate,
Est-ce là ce beau feu ? sont-ce là tes serments ?
Témoignes-tu pour moi les moindres sentiments ?
Je ne te parlois point de l'état déplorable
Où ta mort va laisser ta femme inconsolable ;
Je croyois que l'amour t'en parleroit assez,
Et je ne voulois pas de sentiments forcés :
Mais cette amour si ferme et si bien méritée,
Que tu m'avois promise, et que je t'ai portée,
Quand tu me veux quitter, quand tu me fais mourir,
Te peut-elle arracher une larme, un soupir ?
Tu me quittes, ingrat, et le fais avec joie ;
Tu ne la caches pas, tu veux que je la voie ;
Et ton cœur, insensible à ces tristes appas,
Se figure un bonheur où je ne serai pas !
C'est donc là le dégoût qu'apporte l'hyménée !
Je te suis odieuse après m'être donnée !

POLYEUCTE.

Hélas ! 14

PAULINE.

Que cet hélas a de peine à sortir !
Encor s'il commençoit un heureux repentir,

Que, tout forcé qu'il est, j'y trouverois de charmes!...
Mais courage, il s'émeut, je vois couler des larmes.

POLYEUCTE.

J'en verse, et plût à Dieu qu'à force d'en verser
Ce cœur trop endurci se pût enfin percer !
Le déplorable état où je vous abandonne
Est bien digne des pleurs que mon amour vous donne ;
Et si l'on peut au ciel sentir quelques douleurs,
J'y pleurerai pour vous l'excès de vos malheurs :
Mais si, dans ce séjour de gloire et de lumière,
Ce Dieu tout juste et bon peut souffrir ma prière,
S'il y daigne écouter un conjugal amour,
Sur votre aveuglement il répandra le jour.

Seigneur, de vos bontés il faut que je l'obtienne ;
Elle a trop de vertus pour n'être pas chrétienne :
Avec trop de mérite il vous plut la former,
Pour ne vous pas connoître et ne vous pas aimer,
Pour vivre des enfers esclave infortunée,
Et sous leur triste joug mourir comme elle est née.

PAULINE.

Que dis-tu, malheureux ? qu'oses-tu souhaiter ?

POLYEUCTE.

Ce que de tout mon sang je voudrois acheter.

PAULINE.

Que plutôt...!

POLYEUCTE.

C'est en vain qu'on se met en défense :
Ce Dieu touche les cœurs lorsque moins on y pense.
Ce bienheureux moment n'est pas encor venu ;
Il viendra, mais le temps ne m'en est pas connu.

PAULINE.
Quittez cette chimère, et m'aimez.
POLYEUCTE.
Je vous aime,
Beaucoup moins que mon Dieu, mais bien plus que moi-même.
PAULINE.
Au nom de cet amour, ne m'abandonnez pas.
POLYEUCTE.
Au nom de cet amour, daignez suivre mes pas.
PAULINE.
C'est peu de me quitter, tu veux donc me séduire?
POLYEUCTE.
C'est peu d'aller au ciel, je vous y veux conduire.
PAULINE.
Imaginations!
POLYEUCTE.
Célestes vérités.
PAULINE.
Étrange aveuglement!
POLYEUCTE.
Éternelles clartés.
PAULINE.
Tu préfères la mort à l'amour de Pauline!
POLYEUCTE.
Vous préférez le monde à la bonté divine!
PAULINE.
Va, cruel, va mourir; tu ne m'aimas jamais.
POLYEUCTE.
Vivez heureuse au monde, et me laissez en paix.

PAULINE.

Oui, je t'y vais laisser, ne t'en mets plus en peine;
Je vais....

SCÈNE IV.

SÉVÈRE, POLYEUCTE, PAULINE, FABIAN,
GARDES.

PAULINE.

Mais quel dessein en ce lieu vous amène,
Sévère? auroit-on cru qu'un cœur si généreux
Pût venir jusqu'ici braver un malheureux?

POLYEUCTE.

Vous traitez mal, Pauline, un si rare mérite;
A ma seule prière, il rend cette visite.
Je vous ai fait, seigneur, une incivilité,
Que vous pardonnerez à ma captivité.
Possesseur d'un trésor dont je n'étois pas digne, [2]
Souffrez avant ma mort que je vous le résigne,
Et laisse la vertu la plus rare à nos yeux
Qu'une femme jamais pût recevoir des cieux
Aux mains du plus vaillant et du plus honnête homme
Qu'ait adoré la terre et qu'ait vu naître Rome.
Vous êtes digne d'elle, elle est digne de vous;
Ne la refusez pas de la main d'un époux:
S'il vous a désunis, sa mort vous va rejoindre.
Qu'un feu jadis si beau n'en devienne pas moindre;
Rendez-lui votre cœur, et recevez sa foi:
Vivez heureux ensemble, et mourez comme moi;

C'est le bien qu'à tous deux Polyeucte désire.
Qu'on me mène à la mort, je n'ai plus rien à dire.
Allons, gardes, c'est fait.

SCÈNE V.

SÉVÈRE, PAULINE, FABIAN.

SÉVÈRE.

Dans mon étonnement,
Je suis confus pour lui de son aveuglement; [1]
Sa résolution a si peu de pareilles,
Qu'à peine je me fie encore à mes oreilles.
Un cœur qui vous chérit, (mais quel cœur assez bas [2]
Auroit pu vous connoître et ne vous chérir pas?)
Un homme aimé de vous, sitôt qu'il vous possède,
Sans regret il vous quitte : il fait plus, il vous cède;
Et, comme si vos feux étoient un don fatal, [3]
Il en fait un présent lui-même à son rival !
Certes, ou les chrétiens ont d'étranges manies,
Ou leurs félicités doivent être infinies,
Puisque, pour y prétendre, ils osent rejeter
Ce que de tout l'empire il faudroit acheter.
Pour moi, si mes destins, un peu plus tôt propices,
Eussent de votre hymen honoré mes services,
Je n'aurois adoré que l'éclat de vos yeux,
J'en aurois fait mes rois, j'en aurois fait mes dieux;
On m'auroit mis en poudre, on m'auroit mis en cendre, [4]
Avant que....

PAULINE.

Brisons là ; je crains de trop entendre, [5]

Et que cette chaleur, qui sent vos premiers feux,
Ne pousse quelque suite indigne de tous deux.
Sévère, connoissez Pauline tout entière.

Mon Polyeucte touche à son heure dernière;
Pour achever de vivre il n'a plus qu'un moment;
Vous en êtes la cause, encor qu'innocemment.
Je ne sais si votre ame, à vos désirs ouverte,
Auroit osé former quelque espoir sur sa perte :
Mais sachez qu'il n'est point de si cruels trépas
Où d'un front assuré je ne porte mes pas,
Qu'il n'est point aux enfers d'horreurs que je n'endure,
Plutôt que de souiller une gloire si pure,
Que d'épouser un homme, après son triste sort,
Qui de quelque façon soit cause de sa mort;
Et, si vous me croyiez d'une ame si peu saine,
L'amour que j'ai pour vous tourneroit tout en haine.
Vous êtes généreux; soyez-le jusqu'au bout.
Mon père est en état de vous accorder tout,
Il vous craint; et j'avance encor cette parole,
Que, s'il perd mon époux, c'est à vous qu'il l'immole.
Sauvez ce malheureux, employez-vous pour lui;
Faites-vous un effort pour lui servir d'appui.
Je sais que c'est beaucoup que ce que je demande;
Mais plus l'effort est grand, plus la gloire en est grande.
Conserver un rival dont vous êtes jaloux,
C'est un trait de vertu qui n'appartient qu'à vous;
Et si ce n'est assez de votre renommée,
C'est beaucoup qu'une femme, autrefois tant aimée,
Et dont l'amour peut-être encor vous peut toucher,
Doive à votre grand cœur ce qu'elle a de plus cher :
Souvenez-vous enfin que vous êtes Sévère.

Adieu. Résolvez seul ce que vous devez faire;

Si vous n'êtes pas tel que je l'ose espérer,
Pour vous priser encor je le veux ignorer. 8

SCÈNE VI.

SÉVÈRE, FABIAN.

SÉVÈRE.

Qu'est-ce ci, Fabian ? quel nouveau coup de foudre
Tombe sur mon bonheur et le réduit en poudre !
Plus je l'estime près, plus il est éloigné ;
Je trouve tout perdu, quand je crois tout gagné ;
Et toujours la fortune, à me nuire obstinée,
Tranche mon espérance aussitôt qu'elle est née ;
Avant qu'offrir des vœux je reçois des refus ;
Toujours triste, toujours et honteux et confus
De voir que lâchement elle ait osé renaître,
Qu'encor plus lâchement elle ait osé paroître ;
Et qu'une femme enfin dans la calamité
Me fasse des leçons de générosité.
Votre belle ame est haute autant que malheureuse,
Mais elle est inhumaine autant que généreuse,
Pauline ; et vos douleurs avec trop de rigueur
D'un amant tout à vous tyrannisent le cœur.
C'est donc peu de vous perdre, il faut que je vous donne ;
Que je serve un rival lorsqu'il vous abandonne ;
Et que, par un cruel et généreux effort,
Pour vous rendre en ses mains je l'arrache à la mort !

FABIAN.

Laissez à son destin cette ingrate famille ;
Qu'il accorde, s'il veut, le père avec la fille,

Polyeucte et Félix, l'épouse avec l'époux :
D'un si cruel effort quel prix espérez-vous ?

SÉVÈRE.

La gloire de montrer à cette ame si belle
Que Sévère l'égale, et qu'il est digne d'elle,
Qu'elle m'étoit bien due, et que l'ordre des cieux
En me la refusant m'est trop injurieux.

FABIAN.

Sans accuser le sort ni le ciel d'injustice,
Prenez garde au péril qui suit un tel service ;
Vous hasardez beaucoup, seigneur, pensez-y bien.
Quoi ! vous entreprenez de sauver un chrétien !
Pouvez-vous ignorer pour cette secte impie
Quelle est et fut toujours la haine de Décie ?
C'est un crime vers lui si grand, si capital,
Qu'à votre faveur même il peut être fatal.

SÉVÈRE.

Cet avis seroit bon pour quelque ame commune.
S'il tient entre ses mains ma vie et ma fortune,
Je suis encor Sévère ; et tout ce grand pouvoir
Ne peut rien sur ma gloire et rien sur mon devoir.
Ici l'honneur m'oblige, et j'y veux satisfaire :
Qu'après le sort se montre ou propice ou contraire,
Comme son naturel est toujours inconstant,
Périssant glorieux, je périrai content.
  Je te dirai bien plus, mais avec confidence.
La secte des chrétiens n'est pas ce que l'on pense :
On les hait ; la raison, je ne la connois point ;
Et je ne vois Décie injuste qu'en ce point.

ACTE IV, SCÈNE VI.

Par curiosité j'ai voulu les connoître :
On les tient pour sorciers dont l'enfer est le maître ;
Et sur cette croyance on punit du trépas
Des mystères secrets que nous n'entendons pas.
Mais Cérès Éleusine, et la bonne déesse,
Ont leurs secrets comme eux à Rome et dans la Grèce ;
Encore impunément nous souffrons en tous lieux,
Leur dieu seul excepté, toute sorte de dieux ;
Tous les monstres d'Égypte ont leurs temples dans Rome ;
Nos aïeux à leur gré faisoient un dieu d'un homme ;
Et, leur sang parmi nous conservant leurs erreurs,
Nous remplissons le ciel de tous nos empereurs :
Mais, à parler sans fard de tant d'apothéoses,
L'effet est bien douteux de ces métamorphoses.

Les chrétiens n'ont qu'un Dieu, maître absolu de tout,
De qui le seul vouloir fait tout ce qu'il résout :
Mais, si j'ose entre nous dire ce qui me semble,
Les nôtres bien souvent s'accordent mal ensemble ;
Et, me dût leur colère écraser à tes yeux,
Nous en avons beaucoup pour être de vrais dieux.
Peut-être qu'après tout ces croyances publiques [3]
Ne sont qu'inventions de sages politiques,
Pour contenir un peuple, ou bien pour l'émouvoir,
Et dessus sa foiblesse affermir leur pouvoir.
Enfin chez les chrétiens les mœurs sont innocentes,
Les vices détestés, les vertus florissantes ;
Ils font des vœux pour nous qui les persécutons ; [4]
Et, depuis tant de temps que nous les tourmentons,
Les a-t-on vus mutins ? les a-t-on vus rebelles ?
Nos princes ont-ils eu des soldats plus fidèles ?
Furieux dans la guerre, ils souffrent nos bourreaux ;
Et, lions au combat, ils meurent en agneaux.

J'ai trop de pitié d'eux pour ne les pas défendre.
Allons trouver Félix ; commençons par son gendre ;
Et contentons ainsi, d'une seule action,
Et Pauline, et ma gloire, et ma compassion.

FIN DU QUATRIÈME ACTE.

ACTE CINQUIÈME.

SCÈNE I.

FÉLIX, ALBIN, CLÉON.

FÉLIX.

Albin, as-tu bien vu la fourbe de Sévère ? [1]
As-tu bien vu sa haine ? et vois-tu ma misère ? [2]

ALBIN.

Je n'ai vu rien en lui qu'un rival généreux,
Et ne vois rien en vous qu'un père rigoureux.

FÉLIX.

Que tu discernes mal le cœur d'avec la mine ! [3]
Dans l'ame il hait Félix et dédaigne Pauline ;
Et, s'il l'aima jadis, il estime aujourd'hui [4]
Les restes d'un rival trop indignes de lui.
Il parle en sa faveur, il me prie, il menace,
Et me perdra, dit-il, si je ne lui fais grace ;
Tranchant du généreux, il croit m'épouvanter. [5]
L'artifice est trop lourd pour ne pas l'éventer.
Je sais des gens de cour quelle est la politique ;
J'en connois mieux que lui la plus fine pratique.
C'est en vain qu'il tempête, et feint d'être en fureur : [6]
Je vois ce qu'il prétend auprès de l'empereur.
De ce qu'il me demande il m'y feroit un crime ;
Épargnant son rival, je serois sa victime ;

Et s'il avoit affaire à quelque maladroit, 7
Le piège est bien tendu, sans doute il le perdroit :
Mais un vieux courtisan est un peu moins crédule ;
Il voit quand on le joue, et quand on dissimule ;
Et moi j'en ai tant vu de toutes les façons,
Qu'à lui-même au besoin j'en ferois des leçons.

ALBIN.

Dieux! que vous vous gênez par cette défiance!

FÉLIX.

Pour subsister en cour c'est la haute science. 8
Quand un homme une fois a droit de nous haïr,
Nous devons présumer qu'il cherche à nous trahir ;
Toute son amitié nous doit être suspecte.
Si Polyeucte enfin n'abandonne sa secte,
Quoi que son protecteur ait pour lui dans l'esprit,
Je suivrai hautement l'ordre qui m'est prescrit.

ALBIN.

Grace, grace, seigneur! que Pauline l'obtienne! 9

FÉLIX.

Celle de l'empereur ne suivroit pas la mienne ;
Et, loin de le tirer de ce pas dangereux,
Ma bonté ne feroit que nous perdre tous deux.

ALBIN.

Mais Sévère promet....

FÉLIX.

Albin, je m'en défie,
Et connois mieux que lui la haine de Décie ;
En faveur des chrétiens s'il choquoit son courroux,
Lui-même assurément se perdroit avec nous.

Je veux tenter pourtant encore une autre voie.
Amenez Polyeucte ; et si je le renvoie,
S'il demeure insensible à ce dernier effort,
Au sortir de ce lieu qu'on lui donne la mort.

ALBIN.

Votre ordre est rigoureux.

FÉLIX.

Il faut que je le suive,
Si je veux empêcher qu'un désordre n'arrive.
Je vois le peuple ému pour prendre son parti ;
Et toi-même tantôt tu m'en as averti :
Dans ce zèle pour lui qu'il fait déjà paroître,
Je ne sais si long-temps j'en pourrois être maître ;
Peut-être dès demain, dès la nuit, dès ce soir,
J'en verrois des effets que je ne veux pas voir ;
Et Sévère aussitôt courant à sa vengeance
M'iroit calomnier de quelque intelligence.
Il faut rompre ce coup qui me seroit fatal.

ALBIN.

Que tant de prévoyance est un étrange mal !
Tout vous nuit, tout vous perd, tout vous fait de l'ombrage :
Mais voyez que sa mort mettra ce peuple en rage ;
Que c'est mal le guérir que le désespérer.

FÉLIX.

En vain après sa mort il voudra murmurer ;
Et, s'il ose venir à quelque violence,
C'est à faire à céder deux jours à l'insolence :
J'aurai fait mon devoir, quoi qu'il puisse arriver.
Mais Polyeucte vient, tâchons à le sauver.
Soldats, retirez-vous, et gardez bien la porte.

SCÈNE II.

FÉLIX, POLYEUCTE, ALBIN.

FELIX.

As-tu donc pour la vie une haine si forte,
Malheureux Polyeucte ? et la loi des chrétiens
T'ordonne-t-elle ainsi d'abandonner les tiens ?

POLYEUCTE.

Je ne hais point la vie, et j'en aime l'usage, [1]
Mais sans attachement qui sente l'esclavage,
Toujours prêt à la rendre au Dieu dont je la tiens ;
La raison me l'ordonne, et la loi des chrétiens ;
Et je vous montre à tous par là comme il faut vivre,
Si vous avez le cœur assez bon pour me suivre.

FÉLIX.

Te suivre dans l'abîme où tu veux te jeter ? [2]

POLYEUCTE.

Mais plutôt dans la gloire où je m'en vais monter.

FÉLIX.

Donne-moi pour le moins le temps de la connoître ;
Pour me faire chrétien, sers-moi de guide à l'être ;
Et ne dédaigne pas de m'instruire en ta foi,
Ou toi-même à ton Dieu tu répondras de moi.

POLYEUCTE.

N'en riez point, Félix, il sera votre juge ;
Vous ne trouverez point devant lui de refuge ;
Les rois et les bergers y sont d'un même rang :
De tous les siens sur vous il vengera le sang.

FÉLIX.

Je n'en répandrai plus ; et, quoi qu'il en arrive,
Dans la foi des chrétiens je souffrirai qu'on vive ;
J'en serai protecteur.

POLYEUCTE.

Non, non, persécutez,
Et soyez l'instrument de nos félicités :
Celle d'un vrai chrétien n'est que dans les souffrances ;
Les plus cruels tourments lui sont des récompenses.
Dieu, qui rend le centuple aux bonnes actions,
Pour comble donne encor les persécutions.
Mais ces secrets pour vous sont fâcheux à comprendre ; [3]
Ce n'est qu'à ses élus que Dieu les fait entendre.

FÉLIX.

Je te parle sans fard, et veux être chrétien.

POLYEUCTE.

Qui peut donc retarder l'effet d'un si grand bien ?

FÉLIX.

La présence importune...

POLYEUCTE.

Et de qui ? de Sévère ?

FÉLIX.

Pour lui seul contre toi j'ai feint tant de colère : [4]
Dissimule un moment jusques à son départ.

POLYEUCTE.

Félix, c'est donc ainsi que vous parlez sans fard ?
Portez à vos païens, portez à vos idoles, [5]
Le sucre empoisonné que sèment vos paroles.
Un chrétien ne craint rien, ne dissimule rien ;
Aux yeux de tout le monde il est toujours chrétien.

FÉLIX.

Ce zèle de ta foi ne sert qu'à te séduire,
Si tu cours à la mort plutôt que de m'instruire.

POLYEUCTE.

Je vous en parlerois ici hors de saison ;
Elle est un don du ciel, et non de la raison ;
Et c'est là que bientôt, voyant Dieu face à face,
Plus aisément pour vous j'obtiendrai cette grace.

FÉLIX.

Ta perte cependant me va désespérer.

POLYEUCTE.

Vous avez en vos mains de quoi la réparer ;
En vous ôtant un gendre, on vous en donne un autre [6]
Dont la condition répond mieux à la vôtre ;
Ma perte n'est pour vous qu'un change avantageux.

FÉLIX.

Cesse de me tenir ce discours outrageux. [7]
Je t'ai considéré plus que tu ne mérites ;
Mais, malgré ma bonté, qui croît plus tu l'irrites,
Cette insolence enfin te rendroit odieux ;
Et je me vengerois aussi-bien que nos dieux.

POLYEUCTE.

Quoi ! vous changez bientôt d'humeur et de langage !
Le zèle de vos dieux rentre en votre courage !
Celui d'être chrétien s'échappe ! et par hasard
Je vous viens d'obliger à me parler sans fard !

FÉLIX.

Va, ne présume pas que, quoi que je te jure,
De tes nouveaux docteurs je suive l'imposture.
Je flattois ta manie, afin de t'arracher
Du honteux précipice où tu vas trébucher ;

Je voulois gagner temps pour ménager ta vie 8
Après l'éloignement d'un flatteur de Décie :
Mais j'ai trop fait d'injure à nos dieux tout-puissants;
Choisis de leur donner ton sang, ou de l'encens.

POLYEUCTE.

Mon choix n'est point douteux. Mais j'aperçois Pauline.
O ciel !

SCÈNE III.

PAULINE, FÉLIX, POLYEUCTE, ALBIN.

PAULINE.

Qui de vous deux aujourd'hui m'assassine ?
Sont-ce tous deux ensemble, ou chacun à son tour ?
Ne pourrai-je fléchir la nature, ou l'amour ?
Et n'obtiendrai-je rien d'un époux, ni d'un père ?

FÉLIX.

Parlez à votre époux. 1.

POLYEUCTE.

Vivez avec Sévère.

PAULINE.

Tigre, assassine-moi du moins sans m'outrager.

POLYEUCTE.

Mon amour, par pitié, cherche à vous soulager ;
Il voit quelle douleur dans l'ame vous possède, 2
Et sait qu'un autre amour en est le seul remède.
Puisqu'un si grand mérite a pu vous enflammer, 3
Sa présence toujours à droit de vous charmer :
Vous l'aimiez, il vous aime ; et sa gloire augmentée....

PAULINE.

Que t'ai-je fait, cruel, pour être ainsi traitée, 4

Et pour me reprocher, au mépris de ma foi,
Un amour si puissant que j'ai vaincu pour toi ?
Vois, pour te faire vaincre un si fort adversaire,
Quels efforts à moi-même il a fallu me faire,
Quels combats j'ai donnés pour te donner un cœur
Si justement acquis à son premier vainqueur ;
Et si l'ingratitude en ton cœur ne domine,
Fais quelque effort sur toi pour te rendre à Pauline :
Apprends d'elle à forcer ton propre sentiment ;
Prends sa vertu pour guide en ton aveuglement ;
Souffre que de toi-même elle obtienne ta vie,
Pour vivre sous tes lois à jamais asservie.
Si tu peux rejeter de si justes désirs,
Regarde au moins ses pleurs, écoute ses soupirs ;
Ne désespère pas une ame qui t'adore.

POLYEUCTE.

Je vous l'ai déjà dit, et vous le dis encore,
Vivez avec Sévère, ou mourez avec moi.
Je ne méprise point vos pleurs ni votre foi ;
Mais, de quoi que pour vous notre amour m'entretienne,
Je ne vous connois plus si vous n'êtes chrétienne.
C'en est assez : Félix, reprenez ce courroux,
Et sur cet insolent vengez vos dieux et vous.

PAULINE.

Ah ! mon père, son crime à peine est pardonnable ;
Mais s'il est insensé, vous êtes raisonnable :
La nature est trop forte, et ses aimables traits
Imprimés dans le sang ne s'effacent jamais ;
Un père est toujours père, et sur cette assurance
J'ose appuyer encore un reste d'espérance.
Jetez sur votre fille un regard paternel :
Ma mort suivra la mort de ce cher criminel ;

Et les dieux trouveront sa peine illégitime,
Puisqu'elle confondra l'innocence et le crime,
Et qu'elle changera, par ce redoublement, 12
En injuste rigueur un juste châtiment :
Nos destins, par vos mains rendus inséparables,
Nous doivent rendre heureux ensemble, ou misérables,
Et vous seriez cruel jusques au dernier point,
Si vous désunissiez ce que vous avez joint.
Un cœur à l'autre uni jamais ne se retire ; 13
Et pour l'en séparer, il faut qu'on le déchire.
Mais vous êtes sensible à mes justes douleurs,
Et d'un œil paternel vous regardez mes pleurs.

FÉLIX.

Oui, ma fille, il est vrai qu'un père est toujours père :
Rien n'en peut effacer le sacré caractère ;
Je porte un cœur sensible, et vous l'avez percé.
Je me joins avec vous contre cet insensé.
Malheureux Polyeucte, es-tu seul insensible ?
Et veux-tu rendre seul ton crime irrémissible ?
Peux-tu voir tant de pleurs d'un œil si détaché ? 14
Peux-tu voir tant d'amour sans en être touché ?
Ne reconnois-tu plus ni beau-père, ni femme,
Sans amitié pour l'un, et pour l'autre sans flamme ?
Pour reprendre les noms et de gendre et d'époux,
Veux-tu nous voir tous deux embrasser tes genoux ?

POLYEUCTE.

Que tout cet artifice est de mauvaise grace ! 15
Après avoir deux fois essayé la menace,
Après m'avoir fait voir Néarque dans la mort,
Après avoir tenté l'amour et son effort, 16
Après m'avoir montré cette soif du baptême,
Pour opposer à Dieu l'intérêt de Dieu même

8.

Vous vous joignez ensemble ! Ah ! ruses de l'enfer ! [17]
Faut-il tant de fois vaincre avant que triompher !
Vos résolutions usent trop de remise ; [18]
Prenez la vôtre enfin, puisque la mienne est prise.

Je n'adore qu'un Dieu, maître de l'univers,
Sous qui tremblent le ciel, la terre, et les enfers ;
Un Dieu qui, nous aimant d'une amour infinie,
Voulut mourir pour nous avec ignominie,
Et qui, par un effort de cet excès d'amour,
Veut pour nous en victime être offert chaque jour.
Mais j'ai tort d'en parler à qui ne peut m'entendre.
Voyez l'aveugle erreur que vous osez défendre :
Des crimes les plus noirs vous souillez tous vos dieux ;
Vous n'en punissez point qui n'ait son maître aux cieux ;
La prostitution, l'adultère, l'inceste,
Le vol, l'assassinat, et tout ce qu'on déteste,
C'est l'exemple qu'à suivre offrent vos immortels.
J'ai profané leur temple, et brisé leurs autels ;
Je le ferois encor, si j'avois à le faire, [19]
Même aux yeux de Félix, même aux yeux de Sévère,
Même aux yeux du sénat, aux yeux de l'empereur.

FÉLIX.

Enfin ma bonté cède à ma juste fureur :
Adore-les ; ou meurs. [20]

POLYEUCTE.

Je suis chrétien.

FÉLIX.

Impie !

Adore-les, te dis-je ; ou renonce à la vie.

POLYEUCTE.

Je suis chrétien.

ACTE V, SCÈNE III.

FÉLIX.

Tu l'es ? O cœur trop obstiné !
Soldats, exécutez l'ordre que j'ai donné.

PAULINE.

Où le conduisez-vous ?

FÉLIX.

A la mort.

POLYEUCTE.

A la gloire.
Chère Pauline, adieu ; conservez ma mémoire.

PAULINE.

Je te suivrai partout, et mourrai si tu meurs.

POLYEUCTE.

Ne suivez point mes pas, ou quittez vos erreurs.

FÉLIX.

Qu'on l'ôte de mes yeux, et que l'on m'obéisse.
Puisqu'il aime à périr, je consens qu'il périsse.

SCÈNE IV.

FÉLIX, ALBIN.

FÉLIX.

Je me fais violence, Albin, mais je l'ai dû ;
Ma bonté naturelle aisément m'eût perdu.
Que la rage du peuple à présent se déploie,
Que Sévère en fureur tonne, éclate, foudroie ;
M'étant fait cet effort, j'ai fait ma sûreté.
Mais n'es-tu point surpris de cette dureté ?
Vois-tu comme le sien des cœurs impénétrables,
Ou des impiétés à ce point exécrables ?

Du moins j'ai satisfait mon esprit affligé :
Pour amollir son cœur je n'ai rien négligé ;
J'ai feint même à tes yeux des lâchetés extrêmes :
Et certes, sans l'horreur de ses derniers blasphèmes,
Qui m'ont rempli soudain de colère et d'effroi,
J'aurois eu de la peine à triompher de moi.

ALBIN.

Vous maudirez peut-être un jour cette victoire,
Qui tient je ne sais quoi d'une action trop noire,
Indigne de Félix, indigne d'un Romain,
Répandant votre sang par votre propre main. ²

FÉLIX.

Ainsi l'ont autrefois versé Brute et Manlie ;
Mais leur gloire en a crû, loin d'en être affoiblie ;
Et quand nos vieux héros avoient de mauvais sang, ³
Ils eussent, pour le perdre, ouvert leur propre flanc.

ALBIN.

Votre ardeur vous séduit ; mais, quoi qu'elle vous die,
Quand vous la sentirez une fois refroidie,
Quand vous verrez Pauline, et que son désespoir ⁴
Par ses pleurs et ses cris saura vous émouvoir....

FÉLIX.

Tu me fais souvenir qu'elle a suivi ce traître,
Et que ce désespoir qu'elle fera paroître
De mes commandements pourra troubler l'effet :
Va donc, cours y mettre ordre, et voir ce qu'elle fait ;
Romps ce que ses douleurs y donneroient d'obstacle : ⁵
Tire-la, si tu peux, de ce triste spectacle ;
Tâche à la consoler. Va donc ; qui te retient ?

ALBIN.

Il n'en est pas besoin, seigneur, elle revient.

SCÈNE V.

PAULINE, FÉLIX, ALBIN.

PAULINE.

Père barbare, achève, achève ton ouvrage ;
Cette seconde hostie est digne de ta rage : [1]
Joins ta fille à ton gendre ; ose : que tardes-tu ?
Tu vois le même crime, ou la même vertu :
Ta barbarie en elle a les mêmes matières. [2]
Mon époux en mourant m'a laissé ses lumières ;
Son sang, dont tes bourreaux viennent de me couvrir, [3]
M'a dessillé les yeux, et me les vient d'ouvrir.
Je vois, je sais, je crois, je suis désabusée :
De ce bienheureux sang tu me vois baptisée ;
Je suis chrétienne enfin, n'est-ce point assez dit ?
Conserve en me perdant ton rang et ton crédit ;
Redoute l'empereur, appréhende Sévère : [4]
Si tu ne veux périr, ma perte est nécessaire ;
Polyeucte m'appelle à cet heureux trépas ;
Je vois Néarque et lui qui me tendent les bras.
Mène, mène-moi voir tes dieux que je déteste ;
Ils n'en ont brisé qu'un, je briserai le reste.
On m'y verra braver tout ce que vous craignez,
Ces foudres impuissants qu'en leurs mains vous peignez,
Et, saintement rebelle aux lois de la naissance,
Une fois envers toi manquer d'obéissance.
Ce n'est point ma douleur que par là je fais voir ;
C'est la grace qui parle, et non le désespoir.
Le faut-il dire encor ? Félix, je suis chrétienne. [5]
Affermis par ma mort ta fortune et la mienne :

Le coup à l'un et l'autre en sera précieux, ⁶
Puisqu'il t'assure en terre en m'élevant aux cieux.

SCÈNE VI.¹

SÉVÈRE, FÉLIX, PAULINE, ALBIN,
FABIAN.

SÉVÈRE.

PÈRE dénaturé, malheureux politique,
Esclave ambitieux d'une peur chimérique, ²
Polyeucte est donc mort ! et par vos cruautés
Vous pensez conserver vos tristes dignités !
La faveur que pour lui je vous avois offerte,
Au lieu de le sauver, précipite sa perte !
J'ai prié, menacé, mais sans vous émouvoir ;
Et vous m'avez cru fourbe, ou de peu de pouvoir !
Eh bien, à vos dépens vous verrez que Sévère
Ne se vante jamais que de ce qu'il peut faire ;
Et par votre ruine il vous fera juger
Que qui peut bien vous perdre eût pu vous protéger.
Continuez aux dieux ce service fidèle ;
Par de telles horreurs montrez-leur votre zèle.
Adieu ; mais quand l'orage éclatera sur vous,
Ne doutez point du bras dont partiront les coups.

FÉLIX.

Arrêtez-vous, seigneur, et d'une ame apaisée
Souffrez que je vous livre une vengeance aisée.
Ne me reprochez plus que par mes cruautés
Je tâche à conserver mes tristes dignités ;
Je dépose à vos pieds l'éclat de leur faux lustre :
Celle où j'ose aspirer est d'un rang plus illustre ;

ACTE V, SCÈNE IV.

Je m'y trouve forcé par un secret appas ;
Je cède à des transports que je ne connois pas ; [3]
Et, par un mouvement que je ne puis entendre, [4]
De ma fureur je passe au zèle de mon gendre.
C'est lui, n'en doutez point, dont le sang innocent
Pour son persécuteur prie un Dieu tout-puissant ;
Son amour épandu sur toute la famille [5]
Tire après lui le père aussi-bien que la fille.
J'en ai fait un martyr, sa mort me fait chrétien :
J'ai fait tout son bonheur, il veut faire le mien.
C'est ainsi qu'un chrétien se venge et se courrouce :
Heureuse cruauté dont la suite est si douce !
Donne la main, Pauline. Apportez des liens ;
Immolez à vos dieux ces deux nouveaux chrétiens.
Je le suis, elle l'est ; suivez votre colère.

PAULINE.

Qu'heureusement enfin je retrouve mon père !
Cet heureux changement rend mon bonheur parfait.

FÉLIX.

Ma fille, il n'appartient qu'à la main qui le fait.

SÉVÈRE.

Qui ne seroit touché d'un si tendre spectacle ?
De pareils changements ne vont point sans miracle. [6]
Sans doute vos chrétiens, qu'on persécute en vain,
Ont quelque chose en eux qui surpasse l'humain ;
Ils mènent une vie avec tant d'innocence, [7]
Que le ciel leur en doit quelque reconnoissance :
Se relever plus forts, plus ils sont abattus, [8]
N'est pas aussi l'effet des communes vertus.
Je les aimai toujours, quoi qu'on m'en ait pu dire ;
Je n'en vois point mourir que mon cœur n'en soupire ;

Et peut-être qu'un jour je les connoîtrai mieux.
J'approuve cependant que chacun ait ses dieux, 9
Qu'il les serve à sa mode, et sans peur de la peine. 10
Si vous êtes chrétien, ne craignez plus ma haine ;
Je les aime, Félix, et de leur protecteur
Je n'en veux pas sur vous faire un persécuteur. 11
Gardez votre pouvoir, reprenez-en la marque ;
Servez bien votre Dieu, servez notre monarque.
Je perdrai mon crédit envers sa majesté,
Ou vous verrez finir cette sévérité :
Par cette injuste haine il se fait trop d'outrage.

FÉLIX.

Daigne le ciel en vous achever son ouvrage,
Et, pour vous rendre un jour ce que vous méritez,
Vous inspirer bientôt toutes ses vérités !
Nous autres, bénissons notre heureuse aventure : 12
Allons à nos martyrs donner la sépulture,
Baiser leurs corps sacrés, les mettre en digne lieu ;
Et faire retentir partout le nom de Dieu.

FIN DE POLYEUCTE.

LE MENTEUR,

COMÉDIE.

1642.

PRÉFACE DE VOLTAIRE.

Il faut avouer que nous devons à l'Espagne la première tragédie touchante et la première comédie de caractère qui aient illustré la France. Ne rougissons point d'être venus tard dans tous les genres. C'est beaucoup que, dans un temps où l'on ne connaissait que des aventures romanesques et des turlupinades, Corneille mît la morale sur le théâtre. Ce n'est qu'une traduction; mais c'est probablement à cette traduction que nous devons Molière. Il est impossible en effet que l'inimitable Molière ait vu cette pièce sans voir tout d'un coup la prodigieuse supériorité que ce genre a sur tous les autres, et sans s'y livrer entièrement. Il y a autant de distance de Mélite au Menteur, que de toutes les comédies de ce temps-là à Mélite. Ainsi Corneille a réformé la scène tragique et la scène comique par d'heureuses imitations.

ÉPÎTRE

DÉDICATOIRE.

Monsieur,

Je vous présente une pièce de théâtre d'un style si éloigné de ma dernière, qu'on aura de la peine à croire qu'elles soient parties toutes deux de la même main, dans le même hiver. Aussi les raisons qui m'ont obligé à y travailler ont été bien différentes. J'ai fait Pompée pour satisfaire à ceux qui ne trouvoient pas les vers de Polyeucte si puissants que ceux de Cinna, et leur montrer que j'en saurois bien retrouver la pompe, quand le sujet le pourroit souffrir : j'ai fait le Menteur pour contenter les souhaits de beaucoup d'autres, qui, suivant l'humeur des François, aiment le changement, et, après tant de poëmes graves dont nos meilleures plumes ont enrichi la scène, m'ont demandé quelque chose de plus enjoué qui ne servît qu'à les divertir. Dans le premier, j'ai voulu faire un essai de ce que pouvoit la majesté du raisonnement, et la force des vers dénuée de l'agrément du sujet ; dans celui-ci, j'ai voulu tenter ce que pourroit l'agrément du sujet dénué de la force des vers. Et d'ailleurs étant obligé au genre comique de ma première réputation, je ne pouvois l'abandonner tout-à-fait sans quelque espèce d'ingratitude. Il est vrai que comme, alors que je me hasardai à le quitter, je n'osai me fier à mes seules forces, et que, pour m'élever à la dignité du tragique, je pris l'appui du grand Sénèque, à qui j'empruntai tout ce qu'il avoit donné de rare à sa Médée; ainsi, quand je me suis résolu de repasser de l'héroïque au naïf, je n'ai osé descendre de si haut sans m'assurer d'un guide, et me suis laissé conduire au fameux Lopès de Vega, de peur de m'égarer dans les détours de tant d'intrigues que fait notre Menteur. En un mot, ce n'est ici qu'une copie d'un excellent original qu'il a mis au jour sous le titre de LA SOSPECHOSA VERDAD; et me fiant sur notre Horace, qui donne liberté de tout oser aux poëtes ainsi qu'aux peintres, j'ai cru que, nonobstant la guerre des deux couronnes, il m'étoit permis de trafiquer en Espagne. Si cette sorte de commerce étoit un crime, il y a long-temps que je serois coupable, je ne dis pas seulement pour le Cid, où je me suis aidé de D. Guilain de Castro, mais aussi pour Médée dont je viens de parler, et pour Pompée même, où, pensant me fortifier du secours de deux Latins, j'ai pris celui de deux Espagnols. Sénèque et Lucain étant tous deux de Cordoue.

Ceux qui ne voudront pas me pardonner cette intelligence avec nos ennemis approuveront du moins que je pille chez eux; et soit qu'on fasse passer ceci pour un larcin ou pour un emprunt, je m'en suis trouvé si bien que je n'ai pas envie que ce soit le dernier que je ferai chez eux. Je crois que vous en serez d'avis, et ne m'en estimerez pas moins. Je suis,

Monsieur,

votre très humble serviteur,
P. Corneille.

PERSONNAGES.

GÉRONTE, père de Dorante.
DORANTE, fils de Géronte.
ALCIPPE, ami de Dorante, et amant de Clarice.
PHILISTE, ami de Dorante et d'Alcippe.
CLARICE, maîtresse d'Alcippe.
LUCRÈCE, amie de Clarice.
ISABELLE, suivante de Clarice.
SABINE, femme-de-chambre de Lucrèce.
CLITON, valet de Dorante.
LYCAS, valet d'Alcippe.

La scène est à Paris.

LE MENTEUR,
COMÉDIE.

ACTE PREMIER.

SCÈNE I.

DORANTE, CLITON.

DORANTE.

A la fin j'ai quitté la robe pour l'épée:
L'attente où j'ai vécu n'a point été trompée;
Mon père a consenti que je suive mon choix,
Et j'ai fait banqueroute à ce fatras de lois. [1]
Mais puisque nous voici dedans les Tuileries, [2]
Le pays du beau monde et des galanteries,
Dis-moi, me trouves-tu bien fait en cavalier ?
Ne vois-tu rien en moi qui sente l'écolier ?
Comme il est malaisé qu'au royaume du code
On apprenne à se faire un visage à la mode,
J'ai lieu d'appréhender....

CLITON.

Ne craignez rien pour vous;
Vous ferez en une heure ici mille jaloux.

Ce visage et ce port n'ont point l'air de l'école;
Et jamais comme vous on ne peignit Barthole :
Je prévois du malheur pour beaucoup de maris.
Mais que vous semble encor maintenant de Paris?

DORANTE.

J'en trouve l'air bien doux, et cette loi bien rude
Qui m'en avoit banni sous prétexte d'étude.
Toi, qui sais les moyens de s'y bien divertir,
Ayant eu le bonheur de n'en jamais sortir,
Dis-moi comme en ce lieu l'on gouverne les dames.

CLITON.

C'est là le plus beau soin qui vienne aux belles ames, [3]
Disent les beaux esprits. Mais, sans faire le fin,
Vous avez l'appétit ouvert de bon matin!
D'hier au soir seulement vous êtes dans la ville,
Et vous vous ennuyez déjà d'être inutile!
Votre humeur sans emploi ne peut passer un jour!
Et déjà vous cherchez à pratiquer l'amour! [4]
Je suis auprès de vous en fort bonne posture [5]
De passer pour un homme à donner tablature;
J'ai la taille d'un maître en ce noble métier,
Et je suis, tout au moins, l'intendant du quartier.

DORANTE.

Ne t'effarouche point : je ne cherche, à vrai dire,
Que quelque connoissance où l'on se plaise à rire,
Qu'on puisse visiter par divertissement,
Où l'on puisse en douceur couler quelque moment.
Pour me connoître mal, tu prends mon sens à gauche.

CLITON.

J'entends; vous n'êtes pas un homme de débauche,

Et tenez celles-là trop indignes de vous, 6
Que le son d'un écu rend traitables à tous :
Aussi, que vous cherchiez de ces sages coquettes 7
Où peuvent tous venants débiter leurs fleurettes,
Mais qui ne font l'amour que de babil et d'yeux, 8
Vous êtes d'encolure à vouloir un peu mieux.
Loin de passer son temps, chacun le perd chez elles ;
Et le jeu, comme on dit, n'en vaut pas les chandelles. 9
Mais ce seroit pour vous un bonheur sans égal
Que ces femmes de bien qui se gouvernent mal,
Et de qui la vertu, quand on leur fait service,
N'est pas incompatible avec un peu de vice.
Vous en verrez ici de toutes les façons.
Ne me demandez point cependant des leçons ;
Ou je me connois mal à voir votre visage,
Ou vous n'en êtes pas à votre apprentissage ;
Vos lois ne régloient pas si bien tous vos desseins,
Que vous eussiez toujours un porte-feuille aux mains.

DORANTE.

A ne rien déguiser, Cliton, je te confesse
Qu'à Poitiers j'ai vécu comme vit la jeunesse ;
J'étois en ces lieux-là de beaucoup de métiers :
Mais Paris, après tout, est bien loin de Poitiers.
Le climat différent veut une autre méthode :
Ce qu'on admire ailleurs est ici hors de mode ;
La diverse façon de parler et d'agir
Donne aux nouveaux venus souvent de quoi rougir.
Chez les provinciaux on prend ce qu'on rencontre ;
Et là, faute de mieux, un sot passe à la montre : 10
Mais il faut, à Paris, bien d'autres qualités ;
On ne s'éblouit point de ces fausses clartés ;

Et tant d'honnêtes gens que l'on y voit ensemble
Font qu'on est mal reçu si l'on ne leur ressemble.

CLITON.

Connoissez mieux Paris, puisque vous en parlez.
Paris est un grand lieu plein de marchands mêlés :
L'effet n'y répond pas toujours à l'apparence ;
On s'y laisse duper autant qu'en lieu de France ;
Et, parmi tant d'esprits plus polis et meilleurs,
Il y croît des badauds autant et plus qu'ailleurs.
Dans la confusion que ce grand monde apporte,
Il y vient de tous lieux des gens de toute sorte ;
Et dans toute la France il est fort peu d'endroits
Dont il n'ait le rebut aussi-bien que le choix.
Comme on s'y connoît mal, chacun s'y fait de mise, 11
Et vaut communément autant comme il se prise : 12
De bien pires que vous s'y font assez valoir.
Mais, pour venir au point que vous voulez savoir,
Êtes-vous libéral ?

DORANTE.

Je ne suis point avare.

CLITON.

C'est un secret d'amour et bien grand et bien rare :
Mais il faut de l'adresse à le bien débiter ;
Autrement on s'y perd au lieu d'en profiter.
Tel donne à pleines mains qui n'oblige personne : 13
La façon de donner vaut mieux que ce qu'on donne.
L'un perd exprès au jeu son présent déguisé ;
L'autre oublie un bijou qu'on auroit refusé.
Un lourdaud libéral auprès d'une maîtresse
Semble donner l'aumône alors qu'il fait largesse ;
Et d'un tel contre-temps il fait tout ce qu'il fait, 14
Que, quand il tâche à plaire, il offense en effet.

ACTE I, SCÈNE I.

DORANTE.

Laissons là ces lourdauds contre qui tu déclames,
Et me dis seulement si tu connois ces dames.

CLITON.

Non : cette marchandise est de trop bon aloi ;
Ce n'est point là gibier à des gens comme moi.
Il est aisé pourtant d'en savoir des nouvelles,
Et bientôt leur cocher m'en dira des plus belles.

DORANTE.

Penses-tu qu'il t'en die ?

CLITON.

Assez pour en mourir :
Puisque c'est un cocher, il aime à discourir.

SCÈNE II.

DORANTE, CLARICE, LUCRECE, ISABELLE.

CLARICE, faisant un faux pas, et comme se laissant choir.
Hai !

DORANTE, lui donnant la main.

Ce malheur me rend un favorable office,
Puisqu'il me donne lieu de ce petit service ;
Et c'est pour moi, madame, un bonheur souverain
Que cette occasion de vous donner la main.

CLARICE.

L'occasion ici fort peu vous favorise,
Et ce foible bonheur ne vaut pas qu'on le prise.

DORANTE.

Il est vrai, je le dois tout entier au hasard ;
Mes soins ni vos désirs n'y prennent point de part ;

Et sa douceur mêlée avec cette amertume
Ne me rend pas le sort plus doux que de coutume,
Puisqu'enfin ce bonheur, que j'ai si fort prisé,
A mon peu de mérite eût été refusé.

CLARICE.

S'il a perdu sitôt ce qui pouvoit vous plaire,
Je veux être à mon tour d'un sentiment contraire,
Et crois qu'on doit trouver plus de félicité
A posséder un bien sans l'avoir mérité.
J'estime plus un don qu'une reconnoissance :
Qui nous donne fait plus que qui nous récompense ;
Et le plus grand bonheur au mérite rendu 4
Ne fait que nous payer de ce qui nous est dû.
La faveur qu'on mérite est toujours achetée ;
L'heur en croît d'autant plus, moins elle est méritée ;
Et le bien où sans peine elle fait parvenir
Par le mérite à peine auroit pu s'obtenir.

DORANTE.

Aussi ne croyez pas que jamais je prétende
Obtenir par mérite une faveur si grande :
J'en sais mieux le haut prix ; et mon cœur amoureux,
Moins il s'en connoît digne, et plus s'en tient heureux.
On me l'a pu toujours dénier sans injure ;
Et si la recevant ce cœur même en murmure,
Il se plaint du malheur de ses félicités,
Que le hasard lui donne, et non vos volontés.
Un amant a fort peu de quoi se satisfaire
Des faveurs qu'on lui fait sans dessein de les faire :
Comme l'intention seule en forme le prix, 5
Assez souvent sans elle on les joint au mépris.
Jugez par-là quel bien peut recevoir ma flamme
D'une main qu'on me donne en me refusant l'ame.

ACTE I, SCÈNE II.

Je la tiens, je la touche, et je la touche en vain,
Si je ne puis toucher le cœur avec la main.

CLARICE.

Cette flamme, monsieur, est pour moi fort nouvelle,
Puisque j'en viens de voir la première étincelle.
Si votre cœur ainsi s'embrase en un moment,
Le mien ne sut jamais brûler si promptement;
Mais peut-être, à présent que j'en suis avertie,
Le temps donnera place à plus de sympathie.
Confessez cependant qu'à tort vous murmurez
Du mépris de vos feux que j'avois ignorés.

SCÈNE III.

DORANTE, CLARICE, LUCRÈCE, ISABELLE, CLITON.

DORANTE.

C'est l'effet du malheur qui partout m'accompagne.
Depuis que j'ai quitté les guerres d'Allemagne,
C'est-à-dire, du moins depuis un an entier,
Je suis et jour et nuit dedans votre quartier;
Je vous cherche en tous lieux, au bal, aux promenades;
Vous n'avez que de moi reçu des sérénades;
Et je n'ai pu trouver que cette occasion
A vous entretenir de mon affection.

CLARICE.

Quoi! vous avez donc vu l'Allemagne et la guerre?

DORANTE.

Je m'y suis fait, quatre ans, craindre comme un tonnerre.

CLITON.

Que lui va-t-il conter?

DORANTE.

Et durant ces quatre ans
Il ne s'est fait combats ni sièges importants,
Nos armes n'ont jamais remporté de victoire,
Où cette main n'ait eu bonne part à la gloire;
Mes faits par la gazette en tous lieux divulgués....

CLITON, *le tirant par la basque.*

Savez-vous bien, monsieur, que vous extravaguez?

DORANTE.

Tais-toi.

CLITON.

Vous rêvez, dis-je, ou....

DORANTE.

Tais-toi, misérable.

CLITON.

Vous venez de Poitiers, ou je me donne au diable;
Vous en revîntes hier.

DORANTE, *à Cliton.*

Te tairas-tu, maraud?

(*à Clarice.*)

Mon nom dans nos succès s'étoit mis assez haut
Pour faire quelque bruit sans beaucoup d'injustice;
Et je suivrois encore un si noble exercice,
N'étoit que l'autre hiver, faisant ici ma cour,
Je vous vis, et je fus retenu par l'amour.
Attaqué par vos yeux, je leur rendis les armes,
Je me fis prisonnier de tant d'aimables charmes;
Je leur livrai mon ame; et ce cœur généreux
Dès ce premier moment oublia tout pour eux.

ACTE I, SCÈNE III.

Vaincre dans les combats, commander dans l'armée,
De mille exploits fameux enfler ma renommée,
Et tous ces nobles soins qui m'avoient su ravir,
Cédèrent aussitôt à ceux de vous servir.

ISABELLE, à Clarice, tout bas.

Madame, Alcippe vient, il aura de l'ombrage.

CLARICE.

Nous en saurons, monsieur, quelque jour davantage.
Adieu.

DORANTE.

Quoi! me priver sitôt de tout mon bien!

CLARICE.

Nous n'avons pas loisir d'un plus long entretien;
Et, malgré la douceur de me voir cajolée,
Il faut que nous fassions seules deux tours d'allée.

DORANTE.

Cependant accordez à mes vœux innocents
La licence d'aimer des charmes si puissants.

CLARICE.

Un cœur qui veut aimer, et qui sait comme on aime,
N'en demande jamais licence qu'à soi-même.

SCÈNE IV.

DORANTE, CLITON.

DORANTE.

Suis-les, Cliton.

CLITON.

J'en sais ce qu'on en peut savoir.
La langue du cocher a bien fait son devoir.

La plus belle des deux, dit-il, est ma maîtresse ;
Elle loge à la place, et son nom est Lucrèce.

DORANTE.

Quelle place ?

CLITON.

Royale ; et l'autre y loge aussi.
Il n'en sait pas le nom, mais j'en prendrai souci.

DORANTE.

Ne te mets point, Cliton, en peine de l'apprendre.
Celle qui m'a parlé, celle qui m'a su prendre,
C'est Lucrèce, ce l'est sans aucun contredit ;
Sa beauté m'en assure, et mon cœur me le dit.

CLITON.

Quoique mon sentiment doive respect au vôtre,
La plus belle des deux, je crois que ce soit l'autre.[1]

DORANTE.

Quoi ! celle qui s'est tue, et qui dans nos propos
N'a jamais eu l'esprit de mêler quatre mots ?

CLITON.

Monsieur, quand une femme a le don de se taire,
Elle a des qualités au-dessus du vulgaire :
C'est un effort du ciel, qu'on a peine à trouver ;
Sans un petit miracle il ne peut l'achever ;
Et la nature souffre extrême violence
Lorsqu'il en fait d'humeur à garder le silence.
Pour moi, jamais l'amour n'inquiète mes nuits ;
Et, quand le cœur m'en dit, j'en prends par où je puis :[2]
Mais naturellement femme qui se peut taire
A sur moi tel pouvoir et tel droit de me plaire,
Qu'eût-elle en vrai magot tout le corps fagoté,
Je lui voudrois donner le prix de la beauté.

ACTE I, SCÈNE IV.

C'est elle assurément qui s'appelle Lucrèce :
Cherchez un autre nom pour l'objet qui vous blesse,
Ce n'est point là le sien ; celle qui n'a dit mot,
Monsieur, c'est la plus belle, ou je ne suis qu'un sot.

DORANTE.

Je t'en crois sans jurer avec tes incartades.
Mais voici les plus chers de mes vieux camarades :
Ils semblent étonnés, à voir leur action.

SCÈNE V.

DORANTE, ALCIPPE, PHILISTE, CLITON.

PHILISTE, à Alcippe.

Quoi ! sur l'eau la musique et la collation ?

ALCIPPE, à Philiste.

Oui, la collation avecque la musique.

PHILISTE, à Alcippe.

Hier au soir ?

ALCIPPE, à Philiste.

Hier au soir.

PHILISTE, à Alcippe.

Et belle ?

ALCIPPE, à Philiste.

Magnifique.

PHILISTE, à Alcippe.

Et par qui ?

ALCIPPE, à Philiste.

C'est de quoi je suis mal éclairci.

DORANTE, les saluant.

Que mon bonheur est grand de vous revoir ici !

ALCIPPE. —
Le mien est sans pareil, puisque je vous embrasse.

DORANTE.
J'ai rompu vos discours d'assez mauvaise grace;
Vous le pardonnerez à l'aise de vous voir.

PHILISTE.
Avec nous, de tout temps, vous avez tout pouvoir.

DORANTE.
Mais de quoi parliez-vous ?

ALCIPPE.
    D'une galanterie.

DORANTE.
D'amour ?

ALCIPPE.
  Je le présume.

DORANTE.
     Achevez, je vous prie,
Et souffrez qu'à ce mot ma curiosité
Vous demande sa part de cette nouveauté.

ALCIPPE.
On dit qu'on a donné musique à quelque dame.

DORANTE.
Sur l'eau ?

ALCIPPE.
  Sur l'eau.

DORANTE.
    Souvent l'onde irrite la flamme.

PHILISTE.
Quelquefois.

ACTE I, SCÈNE V.

DORANTE.

Et ce fut hier au soir ?

ALCIPPE.

Hier au soir.

DORANTE.

Dans l'ombre de la nuit le feu se fait mieux voir ;
Le temps étoit bien pris. Cette dame, elle est belle ?

ALCIPPE.

Aux yeux de bien du monde elle passe pour telle.

DORANTE.

Et la musique ?

ALCIPPE.

Assez pour n'en rien dédaigner.

DORANTE.

Quelque collation a pu l'accompagner ?

ALCIPPE.

On le dit.

DORANTE.

Fort superbe ?

ALCIPPE.

Et fort bien ordonnée.

DORANTE.

Et vous ne savez point celui qui l'a donnée ?

ALCIPPE.

Vous en riez !

DORANTE.

Je ris de vous voir étonné
D'un divertissement que je me suis donné.

ALCIPPE.

Vous ?

DORANTE.

Moi-même.

ALCIPPE.

Et déjà vous avez fait maîtresse ?

DORANTE.

Si je n'en avois fait j'aurois bien peu d'adresse,
Moi qui depuis un mois suis ici de retour.
Il est vrai que je sors fort peu souvent de jour ;
De nuit, incognito, je rends quelques visites.
Ainsi....

CLITON, à Dorante, à l'oreille.

Vous ne savez, monsieur, ce que vous dites.

DORANTE.

Tais-toi ; si jamais plus tu me viens avertir....

CLITON.

J'enrage de me taire et d'entendre mentir.

PHILISTE, à Alcippe, tout bas.

Voyez qu'heureusement dedans cette rencontre
Votre rival lui-même à vous-même se montre.

DORANTE, revenant à eux.

Comme à mes chers amis je vous veux tout conter.
J'avois pris cinq bateaux pour mieux tout ajuster :
Les quatre contenoient quatre chœurs de musique,
Capables de charmer le plus mélancolique.
Au premier, violons ; en l'autre, luths et voix ;
Des flûtes, au troisième ; au dernier, des hautbois,
Qui tour à tour dans l'air poussoient des harmonies
Dont on pouvoit nommer les douceurs infinies.
Le cinquième étoit grand, tapissé tout exprès
De rameaux enlacés pour conserver le frais,

Dont chaque extrémité portoit un doux mélange
De bouquets de jasmin, de grenade, et d'orange.
Je fis de ce bateau la salle du festin :
Là je menai l'objet qui fait seul mon destin ;
De cinq autres beautés la sienne fut suivie,
Et la collation fut aussitôt servie.
Je ne vous dirai point les différents apprêts,
Le nom de chaque plat, le rang de chaque mets ;
Vous saurez seulement qu'en ce lieu de délices
On servit douze plats, et qu'on fit six services,
Cependant que les eaux, les rochers, et les airs,
Répondoient aux accents de nos quatre concerts.
Après qu'on eut mangé, mille et mille fusées,
S'élançant vers les cieux, ou droites, ou croisées,
Firent un nouveau jour, d'où tant de serpenteaux
D'un déluge de flamme attaquèrent les eaux,
Qu'on crut que, pour leur faire une plus rude guerre,
Tout l'élément du feu tomboit du ciel en terre.
Après ce passe-temps on dansa jusqu'au jour,
Dont le soleil jaloux avança le retour :
S'il eût pris notre avis, sa lumière importune
N'eût pas troublé sitôt ma petite fortune ;
Mais, n'étant pas d'humeur à suivre nos désirs,
Il sépara la troupe, et finit nos plaisirs.

ALCIPPE.

Certes, vous avez grace à conter ces merveilles ;
Paris, tout grand qu'il est, en voit peu de pareilles.

DORANTE.

J'avois été surpris ; et l'objet de mes vœux
Ne m'avoit, tout au plus, donné qu'une heure ou deux.

PHILISTE.

Cependant l'ordre est rare ; et la dépense belle.

DORANTE.

Il s'est fallu passer à cette bagatelle : 2
Alors que le temps presse, on n'a pas à choisir.

ALCIPPE.

Adieu : nous nous verrons avec plus de loisir.

DORANTE.

Faites état de moi.

ALCIPPE, à Philiste, en s'en allant.

Je meurs de jalousie !

PHILISTE, à Alcippe.

Sans raison toutefois votre ame en est saisie ;
Les signes du festin ne s'accordent pas bien.

ALCIPPE, à Philiste.

Le lieu s'accorde, et l'heure : et le reste n'est rien.

SCÈNE VI.

DORANTE, CLITON.

CLITON.

Monsieur, puis-je à présent parler sans vous déplaire ?

DORANTE.

Je remets à ton choix de parler ou te taire ;
Mais quand tu vois quelqu'un, ne fais plus l'insolent.

CLITON.

Votre ordinaire est-il de rêver en parlant ?

DORANTE.

Où me vois-tu rêver?

CLITON.

J'appelle rêveries
Ce qu'en d'autres qu'un maître on nomme menteries :
Je parle avec respect.

DORANTE.

Pauvre esprit!

CLITON.

Je le perds?
Quand je vous ois parler de guerre et de concerts.
Vous voyez sans péril nos batailles dernières,
Et faites des festins qui ne vous coûtent guères.
Pourquoi depuis un an vous feindre de retour?

DORANTE.

J'en montre plus de flamme, et j'en fais mieux ma cour.

CLITON.

Qu'a de propre la guerre à montrer votre flamme?

DORANTE.

O le beau compliment à charmer une dame,
De lui dire d'abord : « J'apporte à vos beautés
Un cœur nouveau venu des universités ;
Si vous avez besoin de lois et de rubriques,
Je sais le code entier avec les authentiques,
Le digeste nouveau, le vieux, l'infortiat,
Ce qu'en a dit Jason, Balde, Accurse, Alciat! »
Qu'un si riche discours nous rend considérables !
Qu'on amollit par-là de cœurs inexorables !
Qu'un homme à paragraphe est un joli galant !
On s'introduit bien mieux à titre de vaillant :
Tout le secret ne gît qu'en un peu de grimace ;

A mentir à propos, jurer de bonne grace,
Étaler force mots qu'elles n'entendent pas ; 3
Faire sonner Lamboy, Jean de Vert, et Galas;
Nommer quelques châteaux de qui les noms barbares,
Plus ils blessent l'oreille, et plus leur semblent rares ;
Avoir toujours en bouche angles, lignes, fossés,
Vedette, contrescarpe, et travaux avancés :
Sans ordre et sans raison, n'importe, on les étonne ;
On leur fait admirer les baies qu'on leur donne : 4
Et tel, à la faveur d'un semblable débit,
Passe pour homme illustre, et se met en crédit.

CLITON.

A qui vous veut ouïr vous en faites bien croire ;
Mais celle-ci bientôt peut savoir votre histoire.

DORANTE.

J'aurai déjà gagné chez elle quelque accès ;
Et, loin d'en redouter un malheureux succès,
Si jamais un fâcheux nous nuit par sa présence,
Nous pourrons sous ces mots être d'intelligence. 5
Voilà traiter l'amour, Cliton, et comme il faut.

CLITON.

A vous dire le vrai, je tombe de bien haut.
Mais parlons du festin : Urgande et Mélusine
N'ont jamais sur-le-champ mieux fourni leur cuisine :
Vous allez au-delà de leurs enchantements :
Vous seriez un grand maître à faire des romans ;
Ayant si bien en main le festin et la guerre, 6
Vos gens en moins de rien courroient toute la terre ;
Et ce seroit pour vous des travaux fort légers
Que d'y mêler partout la pompe et les dangers.

Ces hautes fictions vous sont bien naturelles.

DORANTE.

J'aime à braver ainsi les conteurs de nouvelles,
Et sitôt que j'en vois quelqu'un s'imaginer
Que ce qu'il veut m'apprendre a de quoi m'étonner,
Je le sers aussitôt d'un conte imaginaire
Qui l'étonne lui-même, et le force à se taire.
Si tu pouvois savoir quel plaisir on a lors
De leur faire rentrer leurs nouvelles au corps....

CLITON.

Je le juge assez grand ; mais enfin ces pratiques
Vous couvriront de honte en devenant publiques.

DORANTE.

N'en prends point de souci. Mais tous ces vains discours
M'empêchent de chercher l'objet de mes amours ;
Tâchons de le rejoindre, et sache qu'à me suivre
Je t'apprendrai bientôt d'autres façons de vivre.

FIN DU PREMIER ACTE.

ACTE SECOND.

SCÈNE I.

GÉRONTE, CLARICE, ISABELLE.

CLARICE.

Je sais qu'il vaut beaucoup étant sorti de vous.
Mais, monsieur, sans le voir, accepter un époux,
Par quelque haut récit qu'on en soit conviée, 1
C'est grande avidité de se voir mariée :
D'ailleurs, en recevoir visite et compliment,
Et lui permettre accès en qualité d'amant,
A moins qu'à vos projets un plein effet réponde,
Ce seroit trop donner à discourir au monde.
Trouvez donc un moyen de me le faire voir,
Sans m'exposer au blâme et manquer au devoir.

GÉRONTE.

Oui, vous avez raison, belle et sage Clarice ;
Ce que vous m'ordonnez est la même justice ; 2
Et comme c'est à nous à subir votre loi,
Je reviens tout-à-l'heure, et Dorante avec moi.
Je le tiendrai long-temps dessous votre fenêtre, 3
Afin qu'avec loisir vous puissiez le connoître,
Examiner sa taille, et sa mine, et son air, 4
Et voir quel est l'époux que je vous veux donner.
Il vint hier de Poitiers, mais il sent peu l'école ;
Et si l'on pouvoit croire un père à sa parole,

Quelque écolier qu'il soit, je dirois qu'aujourd'hui
Peu de nos gens de cour sont mieux taillés que lui.
Mais vous en jugerez après la voix publique.
Je cherche à l'arrêter, parcequ'il m'est unique, 5
Et je brûle surtout de le voir sous vos lois.

CLARICE

Vous m'honorez beaucoup d'un si glorieux choix.
Je l'attendrai, monsieur, avec impatience;
Et je l'aime déjà sur cette confiance.

SCÈNE II.

CLARICE, ISABELLE.

ISABELLE.

Ainsi vous le verrez, et sans vous engager.

CLARICE.

Mais pour le voir ainsi qu'en pourrai-je juger?
J'en verrai le dehors, la mine, l'apparence;
Mais du reste, Isabelle, où prendre l'assurance?
Le dedans paroît mal en ces miroirs flatteurs;
Les visages souvent sont de doux imposteurs.
Que de défauts d'esprit se couvrent de leurs graces!
Et que de beaux semblants cachent des ames basses!
Les yeux en ce grand choix ont la première part;
Mais leur déférer tout, c'est tout mettre au hasard:
Qui veut vivre en repos ne doit pas leur déplaire;
Mais, sans leur obéir, il les doit satisfaire,
En croire leur refus, et non pas leur aveu,
Et sur d'autres conseils laisser naître son feu.
Cette chaîne, qui dure autant que notre vie,
Et qui devroit donner plus de peur que d'envie,

Si l'on n'y prend bien garde, attache assez souvent
Le contraire au contraire, et le mort au vivant :
Et pour moi, puisqu'il faut qu'elle me donne un maître,
Avant que l'accepter je voudrois le connoître,
Mais connoître dans l'ame.

ISABELLE.

Eh bien, qu'il parle à vous.

CLARICE.

Alcippe le sachant en deviendroit jaloux.

ISABELLE.

Qu'importe qu'il le soit, si vous avez Dorante ?

CLARICE.

Sa perte ne m'est pas encore indifférente ;
Et l'accord de l'hymen entre nous concerté,
Si son père venoit, seroit exécuté.
Depuis plus de deux ans il promet et diffère ;
Tantôt c'est maladie, et tantôt quelque affaire ;
Le chemin est mal sûr, ou les jours sont trop courts ;
Et le bon-homme enfin ne peut sortir de Tours.
Je prends tous ces délais pour une résistance,
Et ne suis pas d'humeur à mourir de constance.
Chaque moment d'attente ôte de notre prix ;
Et fille qui vieillit tombe dans le mépris : 2
C'est un nom glorieux qui se garde avec honte ;
Sa défaite est fâcheuse à moins que d'être prompte :
Le temps n'est pas un dieu qu'elle puisse braver, 3
Et son honneur se perd à le trop conserver.

ISABELLE.

Ainsi vous quitteriez Alcippe pour un autre
De qui l'humeur auroit de quoi plaire à la vôtre ?

ACTE II, SCÈNE II.

CLARICE.

Oui, je le quitterois ; mais pour ce changement
Il me faudroit en main avoir un autre amant,
Savoir qu'il me fût propre, et que son hyménée
Dût bientôt à la sienne unir ma destinée.
Mon humeur sans cela ne s'y résout pas bien,
Car Alcippe, après tout, vaut toujours mieux que rien ;
Son père peut venir, quelque long-temps qu'il tarde.

ISABELLE.

Pour en venir à bout sans que rien s'y hasarde,
Lucrèce est votre amie, et peut beaucoup pour vous ;
Elle n'a point d'amant qui devienne jaloux :
Qu'elle écrive à Dorante, et lui fasse paroître
Qu'elle veut cette nuit le voir par sa fenêtre.
Comme il est jeune encore, on l'y verra voler ;
Et là, sous ce faux nom, vous pourrez lui parler,
Sans qu'Alcippe jamais en découvre l'adresse,
Ni que lui-même pense à d'autres qu'à Lucrèce.

CLARICE.

L'invention est belle ; et Lucrèce aisément
Se résoudra pour moi d'écrire un compliment :
J'admire ton adresse à trouver cette ruse.

ISABELLE.

Puis-je vous dire encor que, si je ne m'abuse,
Tantôt cet inconnu ne vous déplaisoit pas ?

CLARICE.

Ah bon dieu ! si Dorante avoit autant d'appas,
Que d'Alcippe aisément il obtiendroit la place !

ISABELLE.

Ne parlez point d'Alcippe ; il vient.

CLARICE.

      Qu'il m'embarrasse !

Va pour moi chez Lucrèce ; et lui dis mon projet,
Et tout ce qu'on peut dire en un pareil sujet.

SCÈNE III.

CLARICE, ALCIPPE.

ALCIPPE.

Ah Clarice ! ah Clarice ! inconstante ! volage !

CLARICE, à part le premier vers.

Auroit-il deviné déjà ce mariage ?
Alcippe, qu'avez-vous ? qui vous fait soupirer ?

ALCIPPE.

Ce que j'ai, déloyale ! eh ! peux-tu l'ignorer ?
Parle à ta conscience, elle devroit t'apprendre....

CLARICE.

Parlez un peu plus bas, mon père va descendre.

ALCIPPE.

Ton père va descendre, ame double et sans foi !
Confesse que tu n'as un père que pour moi.
La nuit, sur la rivière....

CLARICE.

Eh bien, sur la rivière ?
La nuit ? quoi ? qu'est-ce enfin ?

ALCIPPE.

Oui, la nuit tout entière.

CLARICE.

Après ?

ACTE II, SCÈNE III.

ALCIPPE.

Quoi ! sans rougir...?

CLARICE.

Rougir ! à quel propos ?

ALCIPPE.

Tu ne meurs pas de honte entendant ces deux mots !

CLARICE.

Mourir pour les entendre ! et qu'ont-ils de funeste ?

ALCIPPE.

Tu peux donc les ouïr, et demander le reste !
Ne saurois-tu rougir, si je ne te dis tout ?

CLARICE.

Quoi tout ?

ALCIPPE.

Tes passe-temps, de l'un à l'autre bout.

CLARICE.

Je meure, en vos discours si je puis rien comprendre !

ALCIPPE.

Quand je te veux parler, ton père va descendre ;
Il t'en souvient alors : le tour est excellent !
Mais pour passer la nuit auprès de ton galant...

CLARICE.

Alcippe, êtes-vous fou ?

ALCIPPE.

Je n'ai plus lieu de l'être,
A présent que le ciel me fait te mieux connoître.
Oui, pour passer la nuit en danses et festin,
Être avec ton galant du soir jusqu'au matin,

(Je ne parle que d'hier,) tu n'as point lors de père.

CLARICE.

Rêvez-vous ? raillez-vous ? et quel est ce mystère ?

ALCIPPE.

Ce mystère est nouveau, mais non pas fort secret.
Choisis, une autre fois, un amant plus discret ;
Lui-même il m'a tout dit.

CLARICE.

Qui lui-même ?

ALCIPPE.

Dorante.

CLARICE.

Dorante !

ALCIPPE.

Continue, et fais bien l'ignorante.

CLARICE.

Si je le vis jamais, et si je le connoi.... [2]

ALCIPPE.

Ne viens-je pas de voir son père avecque toi ?
Tu passes, infidèle, ame ingrate et légère, [3]
La nuit avec le fils, le jour avec le père !

CLARICE.

Son père de vieux temps est grand ami du mien. [4]

ALCIPPE.

Cette vieille amitié faisoit votre entretien ?
Tu te sens convaincue, et tu m'oses répondre !
Te faut-il quelque chose encor pour te confondre ?

CLARICE.
Alcippe, si je sais quel visage a le fils....
ALCIPPE.
La nuit étoit fort noire alors que tu le vis.
Il ne t'a pas donné quatre chœurs de musique,
Une collation superbe et magnifique,
Six services de rang, douze plats à chacun ?
Son entretien alors t'étoit fort importun ?
Quand ses feux d'artifice éclairoient le rivage,
Tu n'eus pas le loisir de le voir au visage ?
Tu n'as pas avec lui dansé jusques au jour ?
Et tu ne l'as pas vu pour le moins au retour ?
T'en ai-je dit assez ? Rougis, et meurs de honte.
CLARICE.
Je ne rougirai point pour le récit d'un conte.
ALCIPPE.
Quoi ! je suis donc un fourbe, un bizarre, un jaloux !
CLARICE.
Quelqu'un a pris plaisir à se jouer de vous,
Alcippe, croyez-moi.
ALCIPPE.
Ne cherche point d'excuses ;
Je connois tes détours, et devine tes ruses.
Adieu : suis ton Dorante, et l'aime désormais ;
Laisse en repos Alcippe, et n'y pense jamais.
CLARICE.
Ecoutez quatre mots.
ALCIPPE.
Ton père va descendre.
CLARICE.
Non ; il ne descend point, et ne peut nous entendre ;

Et j'aurai tout loisir de vous désabuser.
ALCIPPE.
Je ne t'écoute point, à moins que m'épouser,
A moins qu'en attendant le jour du mariage ⁶
M'en donner ta parole, et deux baisers pour gage.
CLARICE.
Pour me justifier vous demandez de moi,
Alcippe?...
ALCIPPE.
Deux baisers, et ta main, et ta foi.
CLARICE.
Que cela?
ALCIPPE.
Résous-toi, sans plus me faire attendre.
CLARICE.
Je n'ai pas le loisir, mon père va descendre.

SCÈNE IV.

ALCIPPE.

VA, ris de ma douleur alors que je te perds ;
Par ces indignités romps toi-même mes fers ;
Aide mes feux trompés à se tourner en glace ;
Aide un juste courroux à se mettre en leur place.
Je cours à la vengeance ; et porte à ton amant
Le vif et prompt effet de mon ressentiment.
S'il est homme de cœur, ce jour même nos armes [1]
Régleront par leur sort tes plaisirs ou tes larmes ;
Et, plutôt que le voir possesseur de mon bien,
Puissé-je dans son sang voir couler tout le mien ! [2]

Le voici ce rival que son père t'amène : 3
Ma vieille amitié cède à ma nouvelle haine ;
Sa vue accroît l'ardeur dont je me sens brûler :
Mais ce n'est pas ici qu'il le faut quereller. 4

SCÈNE V.

GÉRONTE, DORANTE, CLITON.

GÉRONTE.

DORANTE, arrêtons-nous ; le trop de promenade 1
Me mettroit hors d'haleine, et me feroit malade....
Que l'ordre est rare et beau de ces grands bâtiments !

DORANTE.

Paris semble à mes yeux un pays de romans.
J'y croyois ce matin voir une île enchantée :
Je la laissai déserte et la trouve habitée ;
Quelque Amphion nouveau, sans l'aide des maçons,
En superbes palais a changé ses buissons.

GÉRONTE.

Paris voit tous les jours de ces métamorphoses :
Dans tout le Pré-aux-clercs tu verras mêmes choses ;
Et l'univers entier ne peut rien voir d'égal 2
Aux superbes dehors du Palais-cardinal.
Toute une ville entière avec pompe bâtie 3
Semble d'un vieux fossé par miracle sortie,
Et nous fait présumer, à ses superbes toits,
Que tous ses habitants sont des dieux ou des rois.
Mais changeons de discours. Tu sais combien je t'aime.

DORANTE.

Je chéris cet honneur bien plus que le jour même.

GÉRONTE.

Comme de mon hymen il n'est sorti que toi,
Et que je te vois prendre un périlleux emploi,
Où l'ardeur de la gloire à tout oser convie,
Et force à tout moment de négliger sa vie,
Avant qu'aucun malheur te puisse être avenu,
Pour te faire marcher un peu plus retenu,
Je te veux marier.

DORANTE, à part.

O ma chère Lucrèce !

GÉRONTE.

Je t'ai voulu choisir moi-même une maîtresse,
Honnête, belle, et riche.

DORANTE.

Ah ! pour la bien choisir,
Mon père, donnez-vous un peu plus de loisir.

GÉRONTE.

Je la connois assez. Clarice est belle et sage
Autant que dans Paris il en soit de son âge ;
Son père de tout temps est mon plus grand ami ;
Et l'affaire est conclue.

DORANTE.

Ah ! monsieur, j'en frémi :
D'un fardeau si pesant accabler ma jeunesse !

GÉRONTE.

Fais ce que je t'ordonne.

DORANTE, à part.

Il faut jouer d'adresse.
(haut.)
Quoi ! monsieur, à présent qu'il faut dans les combats
Acquérir quelque nom, et signaler mon bras....

ACTE II, SCÈNE V.

GÉRONTE.

Avant qu'être au hasard qu'un autre bras t'immole,
Je veux dans ma maison avoir qui m'en console ;
Je veux qu'un petit-fils puisse y tenir ton rang,
Soutenir ma vieillesse, et réparer mon sang.
En un mot, je le veux.

DORANTE.

Vous êtes inflexible ?

GÉRONTE.

Fais ce que je te dis.

DORANTE.

Mais s'il m'est impossible ?

GÉRONTE.

Impossible ! et comment ?

DORANTE.

Souffrez qu'aux yeux de tous
Pour obtenir pardon j'embrasse vos genoux.
Je suis....

GÉRONTE.

Quoi ?

DORANTE.

Dans Poitiers....

GÉRONTE.

Parle donc, et te lève.

DORANTE.

Je suis donc marié, puisqu'il faut que j'achève.

GÉRONTE.

Sans mon consentement ?

DORANTE.

On m'a violenté.
Vous ferez tout casser par votre autorité.

Mais nous fûmes tous deux forcés à l'hyménée
Par la fatalité la plus inopinée....
Ah ! si vous le saviez !

GÉRONTE.

Dis, ne me cache rien.

DORANTE.

Elle est de fort bon lieu, mon père; et pour son bien,
S'il n'est du tout si grand que votre humeur souhaite....

GÉRONTE.

Sachons, à cela près, puisque c'est chose faite.
Elle se nomme ?

DORANTE.

Orphise ; et son père, Armédon.

GÉRONTE.

Je n'ai jamais ouï ni l'un ni l'autre nom.
Mais poursuis.

DORANTE.

Je la vis presque à mon arrivée.
Une ame de rocher ne s'en fût pas sauvée,
Tant elle avoit d'appas, et tant son œil vainqueur
Par une douce force assujettit mon cœur !
Je cherchai donc chez elle à faire connoissance :
Et les soins obligeants de ma persévérance
Surent plaire de sorte à cet objet charmant,
Que j'en fus en six mois autant aimé qu'amant.
J'en reçus des faveurs secrètes, mais honnêtes ;
Et j'étendis si loin mes petites conquêtes,
Qu'en son quartier souvent je me coulois sans bruit
Pour causer avec elle une part de la nuit.
Un soir que je venois de monter dans sa chambre....
(Ce fut, s'il m'en souvient, le second de septembre, 4

ACTE II, SCÈNE V.

Oui, ce fut ce jour-là que je fus attrapé.)
Ce soir même son père en ville avoit soupé ;
Il monte, à son retour ; il frappe à la porte : elle
Transit, pâlit, rougit, me cache en sa ruelle ;
Ouvre enfin ; et d'abord (qu'elle eut d'esprit et d'art!)
Elle se jette au cou de ce pauvre vieillard,
Dérobe en l'embrassant son désordre à sa vue :
Il se sied ; il lui dit qu'il veut la voir pourvue ;
Lui propose un parti qu'on lui venoit d'offrir.
Jugez combien mon cœur avoit lors à souffrir !
Par sa réponse adroite elle sut si bien faire,
Que sans m'inquiéter elle plut à son père.
Ce discours ennuyeux enfin se termina.
Le bon-homme partoit quand ma montre sonna :
Et lui se retournant vers sa fille étonnée,
« Depuis quand cette montre ? et qui vous l'a donnée ? »
« Acaste, mon cousin, me la vient d'envoyer,
Dit-elle, et veut ici la faire nettoyer,
N'ayant point d'horlogers au lieu de sa demeure :
Elle a déjà sonné deux fois en un quart-d'heure. »
« Donnez-la moi, dit-il, j'en prendrai mieux le soin. »
Alors pour me la prendre elle vient en mon coin :
Je la lui donne en main ; mais, voyez ma disgrace,
Avec mon pistolet le cordon s'embarrasse,
Fait marcher le déclin ; le feu prend, le coup part :
Jugez de notre trouble à ce triste hasard.
Elle tombe par terre ; et moi, je la crus morte.
Le père épouvanté gagne aussitôt la porte ;
Il appelle au secours, il crie à l'assassin :
Son fils et deux valets me coupent le chemin.
Furieux de ma perte, et combattant de rage,
Au milieu de tous trois je me faisois passage,

Quand un autre malheur de nouveau me perdit;
Mon épée en ma main en trois morceaux rompit.
Désarmé, je recule, et rentre; alors Orphise,
De sa frayeur première aucunement remise,
Sait prendre un temps si juste en son reste d'effroi,
Qu'elle pousse la porte et s'enferme avec moi.
Soudain nous entassons, pour défenses nouvelles,
Bancs, tables, coffres, lits, et jusqu'aux escabelles:
Nous nous barricadons, et dans ce premier feu
Nous croyons gagner tout à différer un peu.
Mais comme à ce rempart l'un et l'autre travaille,
D'une chambre voisine on perce la muraille:
Alors me voyant pris, il fallut composer.
(Ici Clarice les voit de sa fenêtre; et Lucrèce, avec Isabelle, les voit aussi de la sienne.)

GÉRONTE.

C'est-à-dire, en françois, qu'il fallut l'épouser?

DORANTE.

Les siens m'avoient trouvé de nuit seul avec elle;
Ils étoient les plus forts, elle me sembloit belle,
Le scandale étoit grand, son honneur se perdoit;
A ne le faire pas ma tête en répondoit;
Ses grands efforts pour moi, son péril, et ses larmes,
A mon cœur amoureux étoient de nouveaux charmes:
Donc, pour sauver ma vie ainsi que son honneur,
Et me mettre avec elle au comble du bonheur,
Je changeai d'un seul mot la tempête en bonace,
Et fis ce que tout autre auroit fait en ma place.
Choisissez maintenant de me voir ou mourir,
Ou posséder un bien qu'on ne peut trop chérir.

GÉRONTE.

Non, non, je ne suis pas si mauvais que tu penses,
Et trouve en ton malheur de telles circonstances,
Que mon amour t'excuse; et mon esprit touché
Te blâme seulement de l'avoir trop caché.

DORANTE.

Le peu de bien qu'elle a me faisoit vous le taire.

GÉRONTE.

Je prends peu garde au bien, afin d'être bon père.
Elle est belle, elle est sage, elle sort de bon lieu,
Tu l'aimes, elle t'aime; il me suffit. Adieu :
Je vais me dégager du père de Clarice.

SCÈNE VI.

DORANTE, CLITON.

DORANTE.

Que dis-tu de l'histoire, et de mon artifice ?
Le bon-homme en tient-il ? m'en suis-je bien tiré ?
Quelque sot en ma place y seroit demeuré;
Il eût perdu le temps à gémir et se plaindre,
Et, malgré son amour, se fût laissé contraindre.
O l'utile secret de mentir à propos !

CLITON.

Quoi ! ce que vous disiez n'est pas vrai ?

DORANTE.

Pas deux mots :
Et tu ne viens d'ouïr qu'un trait de gentillesse
Pour conserver mon ame et mon cœur à Lucrèce.

LE MENTEUR.
CLITON.
Quoi ! la montre, l'épée, avec le pistolet...
DORANTE.
Industrie.
CLITON.
Obligez, monsieur, votre valet.
Quand vous voudrez jouer de ces grands coups de maître,
Donnez-lui quelque signe à les pouvoir connoître ;
Quoique bien averti, j'étois dans le panneau.
DORANTE.
Va, n'appréhende pas d'y tomber de nouveau ;
Tu seras de mon cœur l'unique secrétaire,
Et de tous mes secrets le grand dépositaire.
CLITON.
Avec ces qualités j'ose bien espérer
Qu'assez malaisément je pourrai m'en parer.
Mais parlons de vos feux. Certes cette maîtresse...

SCÈNE VII.

DORANTE, CLITON, SABINE.

SABINE.
Lisez ceci, monsieur.
DORANTE.
D'où vient-il ?
SABINE.
De Lucrèce.
DORANTE, après avoir lu.
Dis-lui que j'y viendrai.
(Sabine rentre, et Dorante continue.)

ACTE II, SCÈNE VII.

Doute encore, Cliton,
A laquelle des deux appartient ce beau nom !
Lucrèce sent sa part des feux qu'elle fait naître,
Et me veut cette nuit parler par sa fenêtre.
Dis encor que c'est l'autre, ou que tu n'es qu'un sot.
Qu'auroit l'autre à m'écrire, à qui je n'ai dit mot ?

CLITON.

Monsieur, pour ce sujet n'ayons point de querelle ;
Cette nuit, à la voix, vous saurez si c'est elle.

DORANTE.

Coule-toi là-dedans ; et de quelqu'un des siens
Sache subtilement sa famille et ses biens.

SCÈNE VIII.

DORANTE, LYCAS.

LYCAS, *lui présentant un billet.*

MONSIEUR....

DORANTE.

Autre billet !

(après avoir lu tout bas le billet.)

J'ignore quelle offense
Peut d'Alcippe avec moi rompre l'intelligence ;
Mais n'importe, dis-lui que j'irai volontiers.
Je te suis.

SCÈNE IX.

DORANTE.

Hier au soir je revins de Poitiers,
D'aujourd'hui seulement je produis mon visage,

Et j'ai déjà querelle, amour, et mariage.
Pour un commencement ce n'est point mal trouvé.
Vienne encore un procès, et je suis achevé.
Se charge qui voudra d'affaires plus pressantes,
Plus en nombre à la fois, et plus embarrassantes,
Je pardonne à qui mieux s'en pourra démêler.
Mais allons voir celui qui m'ose quereller.

FIN DU SECOND ACTE.

ACTE TROISIÈME.

SCÈNE I.

DORANTE, ALCIPPE, PHILISTE.

PHILISTE.

Oui, vous faisiez tous deux en hommes de courage;
Et n'aviez l'un ni l'autre aucun désavantage.
Je rends graces au ciel de ce qu'il a permis
Que je sois survenu pour vous refaire amis,
Et que, la chose égale, ainsi je vous sépare :
Mon heur en est extrême, et l'aventure rare.

DORANTE.

L'aventure est encor bien plus rare pour moi,
Qui lui faisois raison sans avoir su de quoi.
Mais, Alcippe, à présent tirez-moi hors de peine.
Quel sujet aviez-vous de colère ou de haine ?
Quelque mauvais rapport m'auroit-il pu noircir ?
Dites; que devant lui je vous puisse éclaircir.

ALCIPPE.

Vous le savez assez.

DORANTE.

Plus je me considère,
Moins je découvre en moi ce qui peut vous déplaire.

ALCIPPE.

Eh bien, puisqu'il vous faut parler plus clairement,
Depuis plus de deux ans j'aime secrètement;

Mon affaire est d'accord, et la chose vaut faite : 1
Mais pour quelque raison nous la tenons secrète.
Cependant à l'objet qui me tient sous sa loi,
Et qui sans me trahir ne peut être qu'à moi,
Vous avez donné bal, collation, musique ;
Et vous n'ignorez pas combien cela me pique,
Puisque, pour me jouer un si sensible tour,
Vous m'avez à dessein caché votre retour,
Et n'avez aujourd'hui quitté votre embuscade
Qu'afin de m'en conter l'histoire par bravade.
Ce procédé m'étonne, et j'ai lieu de penser
Que vous n'avez rien fait qu'afin de m'offenser.

DORANTE.

Si vous pouviez encor douter de mon courage,
Je ne vous guérirois ni d'erreur ni d'ombrage,
Et nous nous reverrions si nous étions rivaux ;
Mais comme vous savez tous deux ce que je vaux,
Écoutez en deux mots l'histoire démêlée :
Celle que cette nuit sur l'eau j'ai régalée
N'a pu vous donner lieu de devenir jaloux,
Car elle est mariée, et ne peut être à vous ;
Depuis peu pour affaire elle est ici venue,
Et je ne pense pas qu'elle vous soit connue.

ALCIPPE.

Je suis ravi, Dorante, en cette occasion,
De voir sitôt finir notre division.

DORANTE.

Alcippe, une autre fois donnez moins de croyance
Aux premiers mouvemements de votre défiance ;
Jusqu'à mieux savoir tout sachez vous retenir,
Et ne commencez plus par où l'on doit finir.
Adieu ; je suis à vous.

SCÈNE II.

ALCIPPE, PHILISTE.

PHILISTE.

Ce cœur encor soupire !

ALCIPPE.

Hélas ! je sors d'un mal pour tomber dans un pire.
Cette collation, qui l'aura pu donner ?
A qui puis-je m'en prendre ? et que m'imaginer ?

PHILISTE.

Que l'ardeur de Clarice est égale à vos flammes.
Cette galanterie étoit pour d'autres dames.
L'erreur de votre page a causé votre ennui ;
S'étant trompé lui-même, il vous trompe après lui.
J'ai tout su de lui-même, et des gens de Lucrèce.
Il avoit vu chez elle entrer votre maîtresse ;
Mais il n'avoit pas vu qu'Hippolyte et Daphné,
Ce jour-là par hasard, chez elle avoient dîné.
Il les en voit sortir, mais à coiffe abattue,
Et sans les approcher il suit de rue en rue ;
Aux couleurs, au carrosse, il ne doute de rien ;
Tout étoit à Lucrèce, et le dupe si bien,
Que, prenant ces beautés pour Lucrèce et Clarice,
Il rend à votre amour un très mauvais service.
Il les voit donc aller jusques au bord de l'eau,
Descendre de carrosse, entrer dans un bateau ;
Il voit porter des plats, entend quelque musique,
A ce que l'on m'a dit, assez mélancolique.
Mais cessez d'en avoir l'esprit inquiété,
Car enfin le carrosse avoit été prêté :

L'avis se trouve faux, et ces deux autres belles
Avoient en plein repos passé la nuit chez elles.

ALCIPPE.

Quel malheur est le mien ! Ainsi donc sans sujet
J'ai fait ce grand vacarme à ce charmant objet !

PHILISTE.

Je ferai votre paix. Mais sachez autre chose.
Celui qui de ce trouble est la seconde cause,
Dorante, qui tantôt nous en a tant conté
De son festin superbe et sur l'heure apprêté,
Lui qui, depuis un mois nous cachant sa venue,
La nuit, incognito, visite une inconnue,
Il vint hier de Poitiers, et, sans faire aucun bruit,
Chez lui paisiblement a dormi toute nuit.

ALCIPPE.

Quoi ! sa collation......

PHILISTE.

N'est rien qu'un pur mensonge ;
Ou bien, s'il l'a donnée, il l'a donnée en songe.

ALCIPPE.

Dorante en ce combat si peu prémédité
M'a fait voir trop de cœur pour tant de lâcheté.
La valeur n'apprend point la fourbe en son école ;
Tout homme de courage est homme de parole ;
A des vices si bas il ne peut consentir,
Et fuit plus que la mort la honte de mentir.
Cela n'est point.

PHILISTE.

Dorante, à ce que je présume,
Est vaillant par nature, et menteur par coutume.

Ayez sur ce sujet moins d'incrédulité :
Et vous-même admirez notre simplicité.
A nous laisser duper nous sommes bien novices,
Une collation servie à six services,
Quatre concerts entiers, tant de plats, tant de feux,
Tout cela cependant prêt en une heure ou deux,
Comme si l'appareil d'une telle cuisine
Fût descendu du ciel dedans quelque machine :
Quiconque le peut croire ainsi que vous et moi,
S'il a manqué de sens, n'a pas manqué de foi.
Pour moi, je voyois bien que tout ce badinage
Répondoit assez mal aux remarques du page.
Mais vous ?

ALCIPPE.

La jalousie aveugle un cœur atteint,
Et sans examiner croit tout ce qu'elle craint.
Mais laissons là Dorante avecque son audace ;
Allons trouver Clarice, et lui demander grace :
Elle pouvoit tantôt m'entendre sans rougir.

PHILISTE.

Attendez à demain, et me laissez agir ;
Je veux par ce récit vous préparer la voie,
Dissiper sa colère, et lui rendre sa joie.
Ne vous exposez point, pour gagner un moment,
Aux premières chaleurs de son ressentiment.

ALCIPPE.

Si du jour qui s'enfuit la lumière est fidèle,
Je pense l'entrevoir avec son Isabelle.
Je suivrai tes conseils, et fuirai son courroux
Jusqu'à ce qu'elle ait ri de m'avoir vu jaloux.

SCÈNE III.[1]

CLARICE, ISABELLE.

CLARICE.

Isabelle, il est temps, allons trouver Lucrèce.

ISABELLE.

Il n'est pas encor tard, et rien ne vous en presse.
Vous avez un pouvoir bien grand sur son esprit ;
A peine ai-je parlé, qu'elle a sur l'heure écrit.

CLARICE.

Clarice à la servir ne seroit pas moins prompte.
Mais dis, par sa fenêtre as-tu bien vu Géronte ?
Et sais-tu que ce fils qu'il m'avoit tant vanté
Est ce même inconnu qui m'en a tant conté ?

ISABELLE.

A Lucrèce avec moi je l'ai fait reconnoître ;
Et sitôt que Géronte a voulu disparoître,
Le voyant resté seul avec un vieux valet,
Sabine à nos yeux même a rendu le billet.
Vous parlerez à lui.

CLARICE.

Qu'il est fourbe, Isabelle !

ISABELLE.

Eh bien, cette pratique est-elle si nouvelle ?
Dorante est-il le seul qui, de jeune écolier,
Pour être mieux reçu s'érige en cavalier ?
Que j'en sais comme lui qui parlent d'Allemagne,
Et, si l'on veut les croire, ont vu chaque campagne,
Sur chaque occasion tranchent des entendus,
Content quelque défaite, et des chevaux perdus,

Qui, dans une gazette apprenant ce langage,
S'ils sortent de Paris, ne vont qu'à leur village,
Et se donnent ici pour témoins approuvés
De tous ces grands combats qu'ils ont lus ou rêvés !
Il aura cru sans doute, ou je suis fort trompée,
Que les filles de cœur aiment les gens d'épée;
Et, vous prenant pour telle, il a jugé soudain
Qu'une plume au chapeau vous plaît mieux qu'à la main.
Ainsi donc, pour vous plaire, il a voulu paroître,
Non pas pour ce qu'il est, mais pour ce qu'il veut être,
Et s'est osé promettre un traitement plus doux
Dans la condition qu'il veut prendre pour vous.

CLARICE.

En matière de fourbe il est maître, il y pipe; [2]
Après m'avoir dupée, il dupe encore Alcippe.
Ce malheureux jaloux s'est blessé le cerveau
D'un festin qu'hier au soir il m'a donné sur l'eau.
Juge un peu si la pièce a la moindre apparence.
Alcippe cependant m'accuse d'inconstance,
Me fait une querelle où je ne comprends rien :
J'ai, dit-il, toute nuit souffert son entretien.
Il me parle de bal, de danse, de musique,
D'une collation superbe et magnifique,
Servie à tant de plats tant de fois redoublés,
Que j'en ai la cervelle et les esprits troublés.

ISABELLE.

Reconnoissez par là que Dorante vous aime,
Et que dans son amour son adresse est extrême;
Il aura su qu'Alcippe étoit bien avec vous,
Et pour l'en éloigner il l'a rendu jaloux.
Soudain à cet effort il en a joint un autre;
Il a fait que son père est venu voir le vôtre.

Un amant peut-il mieux agir en un moment
Que de gagner un père et brouiller l'autre amant ?
Votre père l'agrée, et le sien vous souhaite ;
Il vous aime, il vous plaît : c'est une affaire faite.

CLARICE.

Elle est faite, de vrai, ce qu'elle se fera.

ISABELLE.

Quoi ! votre cœur se change, et désobéira ?

CLARICE.

Tu vas sortir de garde, et perdre tes mesures. ³
Explique, si tu peux, encor ses impostures :
Il étoit marié sans que l'on en sût rien ;
Et son père a repris sa parole du mien,
Fort triste de visage et fort confus dans l'ame.

ISABELLE.

Ah ! je dis à mon tour : Qu'il est fourbe, madame !
C'est bien aimer la fourbe, et l'avoir bien en main,
Que de prendre plaisir à fourber sans dessein.
Car, pour moi, plus j'y songe, et moins je puis comprendre
Quel fruit auprès de vous il en ose prétendre.
Mais qu'allez-vous donc faire ? et pourquoi lui parler ?
Est-ce à dessein d'en rire, ou de le quereller ?

CLARICE.

Je prendrai du plaisir du moins à le confondre.

ISABELLE.

J'en prendrois davantage à le laisser morfondre.

CLARICE.

Non, je lui veux parler par curiosité.
Mais j'entrevois quelqu'un dans cette obscurité ;
Et si c'étoit lui-même, il pourroit me connoître :
Entrons donc chez Lucrèce, allons à sa fenêtre,

ACTE III, SCÈNE III.

Puisque c'est sous son nom que je dois lui parler,
Mon jaloux, après tout, sera mon pis-aller.
Si sa mauvaise humeur déjà n'est apaisée,
Sachant ce que je sais, la chose est fort aisée.

SCÈNE IV.[1]

DORANTE, CLITON.

DORANTE.

Voici l'heure et le lieu que marque le billet.

CLITON.

J'ai su tout ce détail d'un ancien valet.[2]
Son père est de la robe, et n'a qu'elle de fille ;
Je vous ai dit son bien, son âge, et sa famille.
Mais, monsieur, ce seroit pour me bien divertir,
Si, comme vous, Lucrèce excelloit à mentir.
Le divertissement seroit rare, ou je meure ;
Et je voudrois qu'elle eût ce talent pour une heure ;
Qu'elle pût un moment vous piper en votre art,
Rendre conte pour conte, et martre pour renard :
D'un et d'autre côté j'en entendrois de bonnes.

DORANTE.

Le ciel fait cette grâce à fort peu de personnes :
Il y faut promptitude, esprit, mémoire, soins,
Ne hésiter jamais, et rougir encor moins.[3]
Mais la fenêtre s'ouvre, approchons.

SCÈNE V.

CLARICE, LUCRÈCE, ISABELLE, à la fenêtre; DORANTE, CLITON, en bas.

CLARICE, à Isabelle.

ISABELLE,
Durant notre entretien demeure en sentinelle.

ISABELLE.
Lorsque votre vieillard sera prêt à sortir,
Je ne manquerai pas de vous en avertir.
(Isabelle descend de la fenêtre, et ne se montre plus.)

LUCRÈCE, à Clarice.
Il conte assez au long ton histoire à mon père.
Mais parle sous mon nom, c'est à moi de me taire.

CLARICE.
Êtes-vous là, Dorante?

DORANTE.
Oui, madame, c'est moi,
Qui veux vivre et mourir sous votre seule loi.

LUCRÈCE, bas, à Clarice.
Sa fleurette pour toi prend encor même style.

CLARICE, à Lucrèce.
Il devroit s'épargner cette gêne inutile.
Mais m'auroit-il déjà reconnue à la voix?

CLITON, bas, à Dorante.
C'est elle; et je me rends, monsieur, à cette fois.

DORANTE, à Clarice.
Oui, c'est moi qui voudrois effacer de ma vie
Les jours que j'ai vécu sans vous avoir servie.

ACTE III, SCÈNE V.

Que vivre sans vous voir est un sort rigoureux!
C'est ou ne vivre point, ou vivre malheureux;
C'est une longue mort; et, pour moi, je confesse
Que pour vivre il faut être esclave de Lucrèce.

CLARICE, bas, à Lucrèce.

Chère amie, il en conte à chacune à son tour.

LUCRÈCE, bas, à Clarice.

Il aime à promener sa fourbe et son amour.

DORANTE.

A vos commandements j'apporte donc ma vie;
Trop heureux si pour vous elle m'étoit ravie!
Disposez-en, madame, et me dites en quoi
Vous avez résolu de vous servir de moi.

CLARICE.

Je vous voulois tantôt proposer quelque chose;
Mais il n'est plus besoin que je vous la propose,
Car elle est impossible.

DORANTE.

    Impossible! Ah! pour vous
Je pourrai tout, madame, en tous lieux, contre tous.

CLARICE.

Jusqu'à vous marier quand je sais que vous l'êtes?

DORANTE.

Moi, marié! ce sont pièces qu'on vous a faites;
Quiconque vous l'a dit s'est voulu divertir.

CLARICE, bas, à Lucrèce.

Est-il un plus grand fourbe?

LUCRÈCE, bas, à Clarice.

      Il ne sait que mentir.

DORANTE.

Je ne le fus jamais ; et si, par cette voie,
On pense....

CLARICE.

Et vous pensez encor que je vous croie ?

DORANTE.

Que le foudre à vos yeux m'écrase si je mens !

CLARICE.

Un menteur est toujours prodigue de serments.

DORANTE.

Non, si vous avez eu pour moi quelque pensée
Qui sur ce faux rapport puisse être balancée,
Cessez d'être en balance, et de vous défier
De ce qu'il m'est aisé de vous justifier.

CLARICE, à Lucrèce.

On diroit qu'il dit vrai, tant son effronterie
Avec naïveté pousse une menterie.

DORANTE.

Pour vous ôter de doute, agréez que demain
En qualité d'époux je vous donne la main.

CLARICE.

Hé ! vous la donneriez en un jour à deux mille.

DORANTE.

Certes, vous m'allez mettre en crédit par la ville,
Mais en crédit si grand que j'en crains les jaloux.

CLARICE.

C'est tout ce que mérite un homme tel que vous,
Un homme qui se dit un grand foudre de guerre,
Et n'en a vu qu'à coups d'écritoire ou de verre ;

ACTE III, SCÈNE V.

Qui vint hier de Poitiers, et conte, à son retour,
Que depuis une année il fait ici sa cour;
Qu' donne toute nuit festin, musique, et danse,
Bien qu'il l'ait dans son lit passée en tout silence;
Qui se dit marié, puis soudain s'en dédit.
Sa méthode est jolie à se mettre en crédit !
Vous-même apprenez-moi comme il faut qu'on le nomme.

CLITON, bas, à Dorante.

Si vous vous en tirez, je vous tiens habile homme.

DORANTE, bas, à Cliton.

Ne t'épouvante point, tout vient en sa saison.
(à Clarice.)
De ces inventions chacune a sa raison;
Sur toutes quelque jour je vous rendrai contente :
Mais à présent je passe à la plus importante.
J'ai donc feint cet hymen (pourquoi désavouer
Ce qui vous forcera vous-même à me louer?)
Je l'ai feint; et ma feinte à vos mépris m'expose.
Mais si de ces détours vous seule étiez la cause?

CLARICE.

Moi ?

DORANTE.

Vous. Écoutez-moi. Ne pouvant consentir...

CLITON, bas, à Dorante.

De grace, dites-moi si vous allez mentir.

DORANTE, bas, à Cliton.

Ah ! je t'arracherai cette langue importune.
(à Clarice.)
Donc, comme à vous servir j'attache ma fortune,

L'amour que j'ai pour vous ne pouvant consentir
Qu'un père à d'autres lois voulût m'assujettir...

CLARICE, bas, à Lucrèce.

Il fait pièce nouvelle, écoutons.

DORANTE.

Cette adresse
A conservé mon ame à la belle Lucrèce;
Et, par ce mariage au besoin inventé,
J'ai su rompre celui qu'on m'avoit apprêté.
Blâmez-moi de tomber en des fautes si lourdes,
Appelez-moi grand fourbe, et grand donneur de bourdes; 3
Mais louez-moi du moins d'aimer si puissamment,
Et joignez à ces noms celui de votre amant.
Je fais par cet hymen banqueroute à tous autres;
J'évite tous leurs fers pour mourir dans les vôtres;
Et, libre pour entrer en des liens si doux,
Je me fais marié pour toute autre que vous.

CLARICE.

Votre flamme en naissant a trop de violence,
Et me laisse toujours en juste défiance.
Le moyen que mes yeux eussent de tels appas
Pour qui m'a si peu vue et ne me connoît pas?

DORANTE.

Je ne vous connois pas ! Vous n'avez plus de mère;
Périandre est le nom de monsieur votre père;
Il est homme de robe, adroit et retenu;
Dix mille écus de rente en font le revenu;
Vous perdîtes un frère aux guerres d'Italie;
Vous aviez une sœur qui s'appeloit Julie.

ACTE III, SCÈNE V.

Vous connois-je à présent? dites encor que non.

CLARICE, bas, à Lucrèce.

Cousine, il te connoît, et t'en veut tout de bon.

LUCRÈCE, en elle-même.

Plût à Dieu!

CLARICE, bas, à Lucrèce.

Découvrons le fond de l'artifice.

(à Dorante.)

J'avois voulu tantôt vous parler de Clarice,
Quelqu'un de vos amis m'en est venu prier.
Dites-moi, seriez-vous pour elle à marier?

DORANTE.

Par cette question n'éprouvez plus ma flamme.
Je vous ai trop fait voir jusqu'au fond de mon ame;
Et vous ne pouvez plus désormais ignorer
Que j'ai feint cet hymen afin de m'en parer.
Je n'ai ni feux ni vœux que pour votre service,
Et ne puis plus avoir que mépris pour Clarice.

CLARICE.

Vous êtes, à vrai dire, un peu bien dégoûté;
Clarice est de maison, et n'est pas sans beauté :
Si Lucrèce à vos yeux paroît un peu plus belle,
De bien mieux faits que vous se contenteroient d'elle.

DORANTE.

Oui, mais un grand défaut ternit tous ses appas.

CLARICE.

Quel est-il ce défaut?

DORANTE.

Elle ne me plaît pas;

Et, plutôt que l'hymen avec elle me lie,
Je serai marié si l'on veut en Turquie.

CLARICE.

Aujourd'hui cependant on m'a dit qu'en plein jour
Vous lui serriez la main, et lui parliez d'amour.

DORANTE.

Quelqu'un auprès de vous m'a fait cette imposture.

CLARICE, bas, à Lucrèce.

Écoutez l'imposteur ; c'est hasard s'il n'en jure.

DORANTE.

Que du ciel....

CLARICE, bas, à Lucrèce.

L'ai-je dit ?

DORANTE.

j'éprouve le courroux,
Si j'ai parlé, Lucrèce, à personne qu'à vous !

CLARICE.

Je ne puis plus souffrir une telle impudence,
Après ce que j'ai vu moi-même en ma présence :
Vous couchez d'imposture, et vous osez jurer,
Comme si je pouvois vous croire, ou l'endurer !
Adieu : retirez-vous ; et croyez, je vous prie,
Que souvent je m'égaie ainsi par raillerie,
Et que, pour me donner des passe-temps si doux,
J'ai donné cette baie à bien d'autres qu'à vous.

SCÈNE VI.

DORANTE, CLITON.

CLITON.

Eh bien, vous le voyez ; l'histoire est decouverte.

DORANTE.

Ah ! Cliton, je me trouve à deux doigts de ma perte.

CLITON.

Vous en aurez sans doute un plus heureux succès,
Et vous avez gagné chez elle un grand accès.
Mais je suis ce fâcheux qui nuis par ma présence,
Et vous fais sous ces mots être d'intelligence.

DORANTE.

Peut-être : qu'en crois-tu ?

CLITON.

                Le peut-être est gaillard.

DORANTE.

Penses-tu qu'après tout j'en quitte encor ma part,
Et tienne tout perdu pour un peu de traverse ?

CLITON.

Si jamais cette part tomboit dans le commerce,
Et qu'il vous vînt marchand pour ce trésor caché,
Je vous conseillerois d'en faire bon marché.

DORANTE.

Mais pourquoi si peu croire un feu si véritable ?

CLITON.

A chaque bout de champ vous mentez comme un diable.

DORANTE.

Je disois vérité.

CLITON.

Quand un menteur la dit, [1]
En passant par sa bouche elle perd son crédit.

DORANTE.

Il faut donc essayer si par quelque autre bouche
Elle pourra trouver un accueil moins farouche.
Allons sur le chevet rêver quelque moyen [2]
D'avoir de l'incrédule un plus doux entretien.
Souvent leur belle humeur suit le cours de la lune;
Telle rend des mépris, qui veut qu'on l'importune.
Mais, de quelques effets que les siens soient suivis,
Il sera demain jour; et la nuit porte avis. [3]

FIN DU TROISIÈME ACTE.

ACTE QUATRIÈME.
SCÈNE I.
DORANTE, CLITON.

CLITON.

Mais, monsieur, pensez-vous qu'il soit jour chez Lucrèce ?
Pour sortir si matin elle a trop de paresse.

DORANTE.

On trouve bien souvent plus qu'on ne croit trouver ;
Et ce lieu pour ma flamme est plus propre à rêver :
J'en puis voir sa fenêtre, et de sa chère idée
Mon ame à cet aspect sera mieux possédée.

CLITON.

A propos de rêver, n'avez-vous rien trouvé
Pour servir de remède au désordre arrivé ?

DORANTE.

Je me suis souvenu d'un secret que toi-même
Me donnois hier pour grand, pour rare, pour suprême :
Un amant obtient tout quand il est libéral.

CLITON.

Le secret est fort beau, mais vous l'appliquez mal :
Il ne fait réussir qu'auprès d'une coquette.

DORANTE.

Je sais ce qu'est Lucrèce, elle est sage, et discrète ;
A lui faire présent mes efforts seroient vains ;
Elle a le cœur trop bon : mais ses gens ont des mains ;

Et, quoique sur ce point elle les désavoue,
Avec un tel secret leur langue se dénoue :
Ils parlent; et souvent on les daigne écouter.
A tel prix que ce soit, il m'en faut acheter.
Si celle-ci venoit qui m'a rendu sa lettre, 5
Après ce qu'elle a fait j'ose tout m'en promettre ;
Et ce sera hasard si sans beaucoup d'effort
Je ne trouve moyen de lui payer le port.

CLITON.

Certes, vous dites vrai, j'en juge par moi-même :
Ce n'est point mon humeur de refuser qui m'aime ;
Et comme c'est m'aimer que me faire présent,
Je suis toujours alors d'un esprit complaisant.

DORANTE.

Il est beaucoup d'humeurs pareilles à la tienne.

CLITON.

Mais, monsieur, attendant que Sabine survienne, 6
Et que sur son esprit vos dons fassent vertu,
Il court quelque bruit sourd qu'Alcippe s'est battu.

DORANTE.

Contre qui ?

CLITON.

L'on ne sait : mais ce confus murmure
D'un air pareil au vôtre à-peu-près le figure ;
Et, si de tout le jour je vous avois quitté,
Je vous soupçonnerois de cette nouveauté.

DORANTE.

Tu ne me quittas point pour entrer chez Lucrèce ?

CLITON.

Ah ! monsieur, m'auriez-vous joué ce tour d'adresse ?

ACTE IV, SCÈNE I.

DORANTE.

Nous nous battîmes hier, et j'avois fait serment
De ne parler jamais de cet évènement;
Mais à toi, de mon cœur l'unique secrétaire,
A toi, de mes secrets le grand dépositaire,
Je ne cèlerai rien, puisque je l'ai promis.
Depuis cinq ou six mois nous étions ennemis :
Il passa par Poitiers, où nous prîmes querelle;
Et comme on nous fit lors une paix telle quelle,
Nous sûmes l'un à l'autre en secret protester
Qu'à la première vue il en faudroit tâter.
Hier nous nous rencontrons; cette ardeur se réveille,
Fait de notre embrassade un appel à l'oreille;
Je me défais de toi, j'y cours, je le rejoins,
Nous vidons sur le pré l'affaire sans témoins;
Et, le perçant à jour de deux coups d'estocade,
Je le mets hors d'état d'être jamais malade :
Il tombe dans son sang.

CLITON.

A ce compte, il est mort?

DORANTE.

Je le laissai pour tel.

CLITON.

Certes, je plains son sort :
Il étoit honnête homme; et le ciel ne déploie....

SCÈNE II.

DORANTE, ALCIPPE, CLITON.

ALCIPPE.

Je te veux, cher ami, faire part de ma joie.

Je suis heureux : mon père....

DORANTE.

Eh bien ?

ALCIPPE.

vient d'arriver.

CLITON, à Dorante.

Cette place pour vous est commode à rêver.

DORANTE.

Ta joie est peu commune ; et pour revoir un père
Un homme tel que nous ne se réjouit guère.

ALCIPPE.

Un esprit que la joie entièrement saisit
Présume qu'on l'entend au moindre mot qu'il dit :
Sache donc que je touche à l'heureuse journée
Qui doit avec Clarice unir ma destinée :
On attendoit mon père afin de tout signer.

DORANTE.

C'est ce que mon esprit ne pouvoit deviner ;
Mais je m'en réjouis. Tu vas entrer chez elle ?

ALCIPPE.

Oui, je lui vais porter cette heureuse nouvelle ;
Et je t'en ai voulu faire part en passant.

DORANTE.

Tu t'acquiers d'autant plus un cœur reconnoissant.
Enfin donc ton amour ne craint plus de disgrace ?

ALCIPPE.

Cependant qu'au logis mon père se délasse,
J'ai voulu par devoir prendre l'heure du sien.

CLITON, bas, à Dorante.

Les gens que vous tuez se portent assez bien.

####### ALCIPPE.

Je n'ai de part ni d'autre aucune défiance.
Excuse d'un amant la juste impatience :
Adieu.

####### DORANTE.

Le ciel te donne un hymen sans souci !

SCÈNE III.

####### DORANTE, CLITON.

####### CLITON.

Il est mort ! Quoi ! monsieur, vous m'en donnez aussi,
A moi, de votre cœur l'unique secrétaire,
A moi, de vos secrets le grand dépositaire !
Avec ces qualités j'avois lieu d'espérer
Qu'assez malaisément je pourrois m'en parer.

####### DORANTE.

Quoi ! mon combat te semble un conte imaginaire ?

####### CLITON.

Je croirai tout, monsieur, pour ne vous pas déplaire ;
Mais vous en contez tant, à toute heure, en tout lieu,
Que quiconque en échappe est bien aimé de Dieu.
Maure, juif, ou chrétien, vous n'épargnez personne.

####### DORANTE.

Alcippe te surprend ! sa guérison t'étonne !
L'état où je le mis étoit fort périlleux ;
Mais il est à présent des secrets merveilleux.
Ne t'a-t-on point parlé d'une source de vie,
Que nomment nos guerriers poudre de sympathie ?

On en voit tous les jours des effets étonnants.

CLITON.

Encor ne sont-ils pas du tout si surprenants ;
Et je n'ai point appris qu'elle eût tant d'efficace, [2]
Qu'un homme que pour mort on laisse sur la place,
Qu'on a de deux grands coups percé de part en part,
Soit dès le lendemain si frais et si gaillard.

DORANTE.

La poudre que tu dis n'est que de la commune ;
On n'en fait plus de cas : mais, Cliton, j'en sais une
Qui rappelle sitôt des portes du trépas,
Qu'en moins d'une heure ou deux on ne s'en souvient pas ;
Quiconque la sait faire a de grands avantages.

CLITON.

Donnez-m'en le secret, et je vous sers sans gages.

DORANTE.

Je te le donnerois, et tu serois heureux ;
Mais le secret consiste en quelques mots hébreux,
Qui tous à prononcer sont si fort difficiles,
Que ce seroit pour toi des trésors inutiles.

CLITON.

Vous savez donc l'hébreu ?

DORANTE.

L'hébreu ? parfaitement.
J'ai dix langues, Cliton, à mon commandement.

CLITON.

Vous auriez bien besoin de dix des mieux nourries
Pour fournir tour à tour à tant de menteries ;
Vous les hachez menu comme chair à pâtés. [3]
Vous avez tout le corps bien plein de vérités,

Il n'en sort jamais une.
DORANTE.
Ah ! cervelle ignorante !
Mais mon père survient.

SCÈNE IV.
GÉRONTE, DORANTE, CLITON

GÉRONTE.
Je vous cherchois, Dorante.
DORANTE, à part.
Je ne vous cherchois pas, moi. Que mal-à-propos [1]
Son abord importun vient troubler mon repos !
Et qu'un père incommode un homme de mon âge !
GÉRONTE.
Vu l'étroite union que fait le mariage,
J'estime qu'en effet c'est n'y consentir point
Que laisser désunis ceux que le ciel a joint.
La raison le défend, et je sens dans mon ame
Un violent désir de voir ici ta femme.
J'écris donc à son père ; écris-lui comme moi :
Je lui mande qu'après ce que j'ai su de toi
Je me tiens trop heureux qu'une si belle fille, [2]
Si sage, et si bien née, entre dans ma famille.
J'ajoute à ce discours que je brûle de voir
Celle qui de mes ans devient l'unique espoir ;
Que pour me l'amener tu t'en vas en personne :
Car enfin il le faut, et le devoir l'ordonne ;
N'envoyer qu'un valet sentiroit son mépris.
DORANTE.
De vos civilités il sera bien surpris ;

Et pour moi je suis prêt : mais je perdrai ma peine ;
Il ne souffrira pas encor qu'on vous l'amène ;
Elle est grosse.

GÉRONTE.

Elle est grosse !

DORANTE.

Et de plus de six mois.

GÉRONTE.

Que de ravissements je sens à cette fois !

DORANTE.

Vous ne voudriez pas hasarder sa grossesse ?

GÉRONTE.

Non, j'aurai patience autant que d'alégresse ;
Pour hasarder ce gage il m'est trop précieux.
A ce coup ma prière a pénétré les cieux.
Je pense en le voyant que je mourrai de joie.
Adieu : je vais changer la lettre que j'envoie,
En écrire à son père un nouveau compliment,
Le prier d'avoir soin de son accouchement,
Comme du seul espoir où mon bonheur se fonde.

DORANTE, bas, à Cliton.

Le bon-homme s'en va le plus content du monde.

GÉRONTE, se retournant.

Écris-lui comme moi.

DORANTE.

(à Cliton.) Je n'y manquerai pas.
Qu'il est bon !

CLITON.

Taisez-vous, il revient sur ses pas.

ACTE IV, SCÈNE IV.

GÉRONTE.

Il ne me souvient plus du nom de ton beau-père.
Comment s'appelle-t-il ?

DORANTE.

Il n'est pas nécessaire ;
Sans que vous vous donniez ces soucis superflus,
En fermant le paquet j'écrirai le dessus.

GÉRONTE.

Étant tout d'une main il sera plus honnête.

DORANTE, à part le premier vers.

Ne lui pourrai-je ôter ce souci de la tête ?
Votre main ou la mienne, il n'importe des deux.

GÉRONTE.

Ces nobles de province y sont un peu fâcheux.

DORANTE.

Son père sait la cour.

GÉRONTE.

Ne me fais plus attendre,
Dis-moi....

DORANTE, à part.

Que lui dirai-je ?

GÉRONTE.

Il s'appelle ?

DORANTE.

Pyrandre.

GÉRONTE.

Pyrandre ! tu m'as dit tantôt un autre nom ;
C'étoit, je m'en souviens, oui, c'étoit Armédon.

DORANTE.

Oui, c'est là son nom propre, et l'autre d'une terre ;
Il portoit ce dernier quand il fut à la guerre,
Et se sert si souvent de l'un et l'autre nom,
Que tantôt c'est Pyrandre, et tantôt Armédon.

GÉRONTE.

C'est un abus commun qu'autorise l'usage,
Et j'en usois ainsi du temps de mon jeune âge.
Adieu : je vais écrire.

SCÈNE V.

DORANTE, CLITON.

DORANTE.

Enfin j'en suis sorti.

CLITON.

Il faut bonne mémoire après qu'on a menti.

DORANTE.

L'esprit a secouru le défaut de mémoire.

CLITON.

Mais on éclaircira bientôt toute l'histoire.
Après ce mauvais pas où vous avez bronché,
Le reste encor long-temps ne peut être caché :
On le sait chez Lucrèce, et chez cette Clarice,
Qui, d'un mépris si grand piquée avec justice,
Dans son ressentiment prendra l'occasion
De vous couvrir de honte et de confusion.

DORANTE.

Ta crainte est bien fondée ; et, puisque le temps presse,
Il faut tâcher en hâte à m'engager Lucrèce.
Voici tout à propos ce que j'ai souhaité.

SCÈNE VI.

DORANTE, CLITON, SABINE.

DORANTE.

Chère amie, hier au soir j'étois si transporté,
Qu'en ce ravissement je ne pus me permettre
De bien penser à toi quand j'eus lu cette lettre :
Mais tu n'y perdras rien, et voici pour le port.

SABINE.

Ne croyez pas, monsieur....

DORANTE.

Tiens.

SABINE.

Vous me faites tort :
Je ne suis pas de...

DORANTE.

Prends.

SABINE.

Hé! monsieur...

DORANTE.

Prends, te dis-je :
Je ne suis point ingrat alors que l'on m'oblige.
Dépêche ; tends la main.

CLITON.

Qu'elle y fait de façons !
Je lui veux par pitié donner quelques leçons.
Chère amie, entre nous, toutes tes révérences
En ces occasions ne sont qu'impertinences :

Si ce n'est assez d'une, ouvre toutes les deux :
Le métier que tu fais ne veut point de honteux.
Sans te piquer d'honneur, crois qu'il n'est que de prendre,
Et que tenir vaut mieux mille fois que d'attendre.
Cette pluie est fort douce ; et, quand j'en vois pleuvoir,
J'ouvrirois jusqu'au cœur pour la mieux recevoir.
On prend à toutes mains dans le siècle où nous sommes ; [2]
Et refuser n'est plus le vice des grands hommes.
Retiens bien ma doctrine ; et, pour faire amitié,
Si tu veux, avec toi je serai de moitié.

SABINE.

Cet article est de trop.

DORANTE.

Vois-tu, je me propose
De faire avec le temps pour toi toute autre chose.
Mais comme j'ai reçu cette lettre de toi,
En voudrois-tu donner la réponse pour moi ?

SABINE.

Je la donnerai bien ; mais je n'ose vous dire
Que ma maîtresse daigne ou la prendre, ou la lire :
J'y ferai mon effort.

CLITON.

Voyez, elle se rend
Plus douce qu'une épouse, et plus souple qu'un gant.

DORANTE.

(bas, à Cliton.)   (haut, à Sabine.)
Le secret a joué. Présente-la, n'importe :
Elle n'a pas pour moi d'aversion si forte.
Je reviens dans une heure en apprendre l'effet.

SABINE.

Je vous conterai lors tout ce que j'aurai fait. [3]

SCÈNE VII.

CLITON, SABINE.

CLITON.

Tu vois que les effets préviennent les paroles ;
C'est un homme qui fait litière de pistoles : 1
Mais comme auprès de lui je puis beaucoup pour toi...

SABINE.

Fais tomber de la pluie, et laisse faire à moi.

CLITON.

Tu viens d'entrer en goût.

SABINE.

     Avec mes révérences
Je ne suis pas encor si dupe que tu penses.
Je sais bien mon métier ; et ma simplicité
Joue aussi bien son jeu que ton avidité.

CLITON.

Si tu sais ton métier, dis-moi quelle espérance
Doit obstiner mon maître à la persévérance.
Sera-t-elle insensible ? en viendrons-nous à bout ?

SABINE.

Puisqu'il est si brave homme, il faut te dire tout.
Pour te désabuser, sache donc que Lucrèce
N'est rien moins qu'insensible à l'ardeur qui le presse ;
Durant toute la nuit elle n'a point dormi ;
Et, si je ne me trompe, elle l'aime à demi.

CLITON.

Mais sur quel privilège est-ce qu'elle se fonde,
Quand elle aime à demi, de maltraiter le monde ?

Il n'en a cette nuit reçu que des mépris.
Chère amie, après tout, mon maître vaut son prix.
Ces amours à demi sont d'une étrange espèce;
Et, s'il me vouloit croire, il quitteroit Lucrèce.

SABINE.

Qu'il ne se hâte point, on l'aime assurément.

CLITON.

Mais on le lui témoigne un peu bien rudement;
Et je ne vis jamais de méthodes pareilles.

SABINE.

Elle tient, comme on dit, le loup par les oreilles: [2]
Elle l'aime, et son cœur n'y sauroit consentir;
Parceque d'ordinaire il ne fait que mentir.
Hier même elle le vit dedans les Tuileries,
Où tout ce qu'il conta n'étoit que menteries.
Il en a fait autant depuis à deux ou trois.

CLITON.

Les menteurs les plus grands disent vrai quelquefois.

SABINE.

Elle a lieu de douter, et d'être en défiance.

CLITON.

Qu'elle donne à ses feux un peu plus de croyance:
Il n'a fait toute nuit que soupirer d'ennui.

SABINE.

Peut-être que tu mens aussi-bien comme lui? [3]

CLITON.

Je suis homme d'honneur; tu me fais injustice.

SABINE.

Mais, dis-moi, sais-tu bien qu'il n'aime plus Clarice?

ACTE IV, SCÈNE VII.

CLITON.

Il ne l'aima jamais.

SABINE.

Pour certain?

CLITON.

Pour certain.

SABINE.

Qu'il ne craigne donc plus de soupirer en vain.
Aussitôt que Lucrèce a pu le reconnoître,
Elle a voulu qu'exprès je me sois fait paroître,
Pour voir si par hasard il ne me diroit rien;
Et, s'il l'aime en effet, tout le reste ira bien.
Va-t-en; et, sans te mettre en peine de m'instruire,
Crois que je lui dirai tout ce qu'il lui faut dire.

CLITON.

Adieu; de ton côté si tu fais ton devoir,
Tu dois croire du mien que je ferai pleuvoir.

SABINE, seule.

Que je vais bientôt voir une fille contente!
Mais la voici déjà : qu'elle est impatiente!
Comme elle a les yeux fins, elle a vu le poulet.

SCÈNE VIII.

SABINE, LUCRÈCE.

LUCRÈCE.

EH BIEN, que t'ont conté le maître et le valet?

SABINE.

Le maître et le valet m'ont dit la même chose;
Le maître est tout à vous, et voici de sa prose.

LUCRÈCE, après avoir lu.

Dorante avec chaleur fait le passionné :
Mais le fourbe qu'il est nous en a trop donné ;
Et je ne suis pas fille à croire ses paroles.

SABINE.

Je ne les crois non plus ; mais j'en crois ses pistoles.

LUCRÈCE.

Il t'a donc fait présent ?

SABINE.

Voyez.

LUCRÈCE.

Et tu l'as pris ?

SABINE.

Pour vous ôter du trouble où flottent vos esprits,
Et vous mieux témoigner ses flammes véritables,
J'en ai pris les témoins les plus indubitables ;
Et je remets, madame, au jugement de tous
Si qui donne à vos gens est sans amour pour vous,
Et si ce traitement marque une ame commune.

LUCRÈCE.

Je ne m'oppose pas à ta bonne fortune ;
Mais, comme en l'acceptant tu sors de ton devoir,
Du moins une autre fois ne m'en fais rien savoir.

SABINE.

Mais à ce libéral que pourrai-je promettre ?

LUCRÈCE.

Dis-lui que, sans la voir, j'ai déchiré sa lettre.

SABINE.

O ma bonne fortune, où vous enfuyez-vous ?

LUCRÈCE.

Mêle-s-y de ta part deux ou trois mots plus doux ;

ACTE IV, SCÈNE VIII.

Conte-lui dextrement le naturel des femmes ; [1]
Dis-lui qu'avec le temps on amollit leurs ames ;
Et l'avertis surtout des heures et des lieux
Où par rencontre il peut se montrer à mes yeux.
Parcequ'il est grand fourbe, il faut que je m'assure.

SABINE.

Ah! si vous connoissiez les peines qu'il endure,
Vous ne douteriez plus si son cœur est atteint :
Toute nuit il soupire, il gémit, il se plaint.

LUCRÈCE.

Pour apaiser les maux que cause cette plainte,
Donne-lui de l'espoir avec beaucoup de crainte ;
Et sache entre les deux toujours le modérer,
Sans m'engager à lui, ni le désespérer.

SCÈNE IX.

CLARICE, LUCRÈCE, SABINE.

CLARICE.

Il t'en veut tout de bon, et m'en voilà défaite : [1]
Mais je souffre aisément la perte que j'ai faite ;
Alcippe la répare, et son père est ici.

LUCRÈCE.

Te voilà donc bientôt quitte d'un grand souci.

CLARICE.

M'en voilà bientôt quitte ; et toi, te voilà prête
A t'enrichir bientôt d'une étrange conquête.
Tu sais ce qu'il m'a dit.

SABINE.

                S'il vous mentoit alors,
A présent il dit vrai ; j'en réponds corps pour corps.

CLARICE.

Peut-être qu'il le dit; mais c'est un grand peut-être.

LUCRÈCE.

Doranté est un grand fourbe, et nous l'a fait connoître;
Mais s'il continuoit encore à m'en conter,
Peut-être avec le temps il me feroit douter.

CLARICE.

Si tu l'aimes, du moins, étant bien avertie, [2]
Prends bien garde à ton fait, et fais bien ta partie.

LUCRÈCE.

C'en est trop; et tu dois seulement présumer
Que je penche à le croire, et non pas à l'aimer.

CLARICE.

De le croire à l'aimer la distance est petite:
Qui fait croire ses feux fait croire son mérite;
Ces deux points en amour se suivent de si près,
Que qui se croit aimée aime bientôt après.

LUCRÈCE.

La curiosité souvent dans quelques ames
Produit le même effet que produiroient des flammes.

CLARICE.

Je suis prête à le croire, afin de t'obliger.

SABINE.

Vous me feriez ici toutes deux enrager.
Voyez, qu'il est besoin de tout ce badinage!
Faites moins la sucrée, et changez de langage;
Ou vous n'en casserez, ma foi, que d'une dent. [3]

LUCRÈCE.

Laissons là cette folle; et dis-moi cependant,

Quand nous le vîmes hier dedans les Tuileries, 4
Qu'il te conta d'abord tant de galanteries,
Il fut, ou je me trompe, assez bien écouté.
Étoit-ce amour alors, ou curiosité?

CLARICE.

Curiosité pure, avec dessein de rire
De tous les compliments qu'il auroit pu me dire.

LUCRÈCE.

Je fais de ce billet même chose à mon tour;
Je l'ai pris, je l'ai lu, mais le tout sans amour:
Curiosité pure, avec dessein de rire
De tous les compliments qu'il auroit pu m'écrire.

CLARICE.

Ce sont deux que de lire, et d'avoir écouté;
L'un est grande faveur; l'autre, civilité:
Mais trouve-s-y ton compte, et j'en serai ravie;
En l'état où je suis, j'en parle sans envie.

LUCRÈCE.

Sabine lui dira que je l'ai déchiré.

CLARICE.

Nul avantage ainsi n'en peut être tiré.
Tu n'es que curieuse.

LUCRÈCE.

Ajoute, à ton exemple.

CLARICE.

Soit. Mais il est saison que nous allions au temple. 5

LUCRÈCE, à Clarice.

Allons.

(à Sabine.)
Si tu le vois, agis comme tu sais. 6

SABINE.

Ce n'est pas sur ce coup que je fais mes essais :
Je connois à tous deux où tient la maladie;
Et le mal sera grand si je n'y remédie.
Mais sachez qu'il est homme à prendre sur le vert. 7

LUCRÈCE.

Je te croirai.

SABINE.

Mettons cette pluie à couvert.

FIN DU QUATRIÈME ACTE.

ACTE CINQUIÈME.

SCÈNE I.

GÉRONTE, PHILISTE.

GÉRONTE.

Je ne pouvois avoir rencontre plus heureuse
Pour satisfaire ici mon humeur curieuse.
Vous avez feuilleté le digeste à Poitiers,
Et vu, comme mon fils, les gens de ces quartiers :
Ainsi vous me pouvez facilement apprendre
Quelle est et la famille et le bien de Pyrandre.

PHILISTE.

Quel est-il ce Pyrandre ?

GÉRONTE.

Un de leurs citoyens,
Noble, à ce qu'on m'a dit, mais un peu mal en biens.

PHILISTE.

Il n'est dans tout Poitiers bourgeois ni gentilhomme
Qui, si je m'en souviens, de la sorte se nomme.

GÉRONTE.

Vous le connoîtrez mieux peut-être à l'autre nom ;
Ce Pyrandre s'appelle autrement Armédon.

PHILISTE.

Aussi peu l'un que l'autre.

GÉRONTE.

Et le père d'Orphise,
Cette rare beauté qu'en ces lieux même on prise?
Vous connoissez le nom de cet objet charmant
Qui fait de ces cantons le plus digne ornement?

PHILISTE.

Croyez que cette Orphise, Armédon, et Pyrandre,
Sont gens dont à Poitiers on ne peut rien apprendre.
S'il vous faut sur ce point encor quelque garant....

GÉRONTE.

En faveur de mon fils vous faites l'ignorant;
Mais je ne sais que trop qu'il aime cette Orphise,
Et qu'après les douceurs d'une longue hantise
On l'a seul dans sa chambre avec elle trouvé;
Que par son pistolet un désordre arrivé
L'a forcé sur-le-champ d'épouser cette belle.
Je sais tout; et, de plus, ma bonté paternelle
M'a fait y consentir; et votre esprit discret
N'a plus d'occasion de m'en faire un secret.

PHILISTE.

Quoi! Dorante a donc fait un secret mariage?

GÉRONTE.

Et, comme je suis bon, je pardonne à son âge.

PHILISTE.

Qui vous l'a dit?

GÉRONTE.

Lui-même.

PHILISTE.

Ah! puisqu'il vous l'a dit,
Il vous fera du reste un fidèle récit;

ACTE V, SCÈNE I.

Il en sait, mieux que moi, toutes les circonstances :
Non qu'il vous faille en prendre aucunes défiances;
Mais il a le talent de bien imaginer;
Et moi, je n'eus jamais celui de deviner.

GÉRONTE.

Vous me feriez par là soupçonner son histoire.

PHILISTE.

Non; sa parole est sûre, et vous pouvez l'en croire :
Mais il nous servit hier d'une collation
Qui partoit d'un esprit de grande invention;
Et, si ce mariage est de même méthode,
La pièce est fort complète et des plus à la mode.

GÉRONTE.

Prenez-vous du plaisir à me mettre en courroux?

PHILISTE.

Ma foi, vous en tenez aussi-bien comme nous;
Et, pour vous en parler avec toute franchise,
Si vous n'avez jamais pour bru que cette Orphise,
Vos chers collatéraux s'en trouveront fort bien.
Vous m'entendez : adieu; je ne vous dis plus rien.

SCÈNE II.

GÉRONTE.

O VIEILLESSE facile ! ô jeunesse impudente !
O de mes cheveux gris honte trop évidente !
Est-il dessous le ciel père plus malheureux?
Est-il affront plus grand pour un cœur généreux?
Dorante n'est qu'un fourbe; et cet ingrat que j'aime,
Après m'avoir fourbé, me fait fourber moi-même :

Et d'un discours en l'air, qu'il forge en imposteur,
Il me fait le trompette et le second auteur !
Comme si c'étoit peu pour mon reste de vie
De n'avoir à rougir que de son infamie,
L'infâme, se jouant de mon trop de bonté,
Me fait encor rougir de ma crédulité !

SCÈNE III.

GÉRONTE, DORANTE, CLITON.

GÉRONTE.

Êtes-vous gentilhomme ?

DORANTE, à part.

Ah ! rencontre fâcheuse !

(haut.)
Étant sorti de vous, la chose est peu douteuse.

GÉRONTE.
Croyez-vous qu'il suffit d'être sorti de moi ?

DORANTE.
Avec toute la France aisément je le croi.

GÉRONTE.
Et ne savez-vous pas avec toute la France
D'où ce titre d'honneur a tiré sa naissance,
Et que la vertu seule a mis en ce haut rang
Ceux qui l'ont jusqu'à moi fait passer dans leur sang ?

DORANTE.
J'ignorerois un point que n'ignore personne,
Que la vertu l'acquiert, comme le sang le donne.

GÉRONTE.

Où le sang a manqué si la vertu l'acquiert,
Où le sang l'a donné, le vice aussi le perd.
Ce qui naît d'un moyen périt par son contraire;
Tout ce que l'un a fait, l'autre le peut défaire;
Et, dans la lâcheté du vice où je te voi,
Tu n'es plus gentilhomme, étant sorti de moi.

DORANTE.

Moi ?

GÉRONTE.

Laisse-moi parler, toi, de qui l'imposture
Souille honteusement ce don de la nature :
Qui se dit gentilhomme, et ment comme tu fais,
Il ment quand il le dit, et ne le fut jamais.
Est-il vice plus bas ? est-il tache plus noire,
Plus indigne d'un homme élevé pour la gloire ?
Est-il quelque foiblesse, est-il quelque action
Dont un cœur vraiment noble ait plus d'aversion,
Puisqu'un seul démenti lui porte une infamie
Qu'il ne peut effacer s'il n'expose sa vie,
Et si dedans le sang il ne lave l'affront
Qu'un si honteux outrage imprime sur son front ?

DORANTE.

Qui vous dit que je mens ?

GÉRONTE.

Qui me le dit, infâme ?
Dis-moi, si tu le peux, dis le nom de ta femme.
Le conte qu'hier au soir tu m'en fis publier....

CLITON, bas, à Dorante.

Dites que le sommeil vous l'a fait oublier.

GÉRONTE.

Ajoute, ajoute encore avec effronterie
Le nom de ton beau-père et de sa seigneurie ;
Invente à m'éblouir quelques nouveaux détours.

CLITON, bas, à Dorante.

Appelez la mémoire ou l'esprit au secours.

GÉRONTE.

De quel front cependant faut-il que je confesse
Que ton effronterie a surpris ma vieillesse,
Qu'un homme de mon âge a cru légèrement
Ce qu'un homme du tien débite impudemment ?
Tu me fais donc servir de fable et de risée,
Passer pour esprit foible, ou pour cervelle usée !
Mais, dis-moi, te portois-je à la gorge un poignard ?
Voyois-tu violence ou courroux de ma part ?
Si quelque aversion t'éloignoit de Clarice,
Quel besoin avois-tu d'un si lâche artifice ?
Et pouvois-tu douter que mon consentement
Ne dût tout accorder à ton contentement,
Puisque mon indulgence, au dernier point venue,
Approuvoit à tes yeux l'hymen d'une inconnue ?
Ce grand excès d'amour que je t'ai témoigné
N'a point touché ton cœur, ou ne l'a point gagné !
Ingrat, tu m'as payé d'une impudente feinte ;
Et tu n'as eu pour moi respect, amour, ni crainte !
Va, je te désavoue.

DORANTE.

Eh ! mon père, écoutez.

GÉRONTE.

Quoi ? des contes en l'air et sur l'heure inventés ?

ACTE V, SCÈNE III.

DORANTE.

Non, la vérité pure.

GÉRONTE.

En est-il dans ta bouche ?

CLITON, bas, à Dorante.

Voici pour votre adresse une assez rude touche.

DORANTE.

Épris d'une beauté qu'à peine j'ai pu voir
Qu'elle a pris sur mon ame un absolu pouvoir,
De Lucrèce, en un mot.... vous la pouvez connoître.

GÉRONTE.

Dis vrai : je la connois, et ceux qui l'ont fait naître ;
Son père est mon ami.

DORANTE.

Mon cœur en un moment
Étant de ses regards charmé si puissamment,
Le choix que vos bontés avoient fait de Clarice,
Sitôt que je le sus, me parut un supplice :
Mais comme j'ignorois si Lucrèce et son sort
Pouvoient avec le vôtre avoir quelque rapport,
Je n'osai pas encor vous découvrir la flamme
Que venoient ses beautés d'allumer dans mon ame ;
Et j'avois ignoré, monsieur, jusqu'à ce jour
Que l'adresse d'esprit fût un crime en amour.
Mais, si je vous osois demander quelque grace,
A présent que je sais et son bien et sa race,
Je vous conjurerois, par les nœuds les plus doux
Dont l'amour et le sang puissent m'unir à vous,
De seconder mes vœux auprès de cette belle ;
Obtenez-la d'un père, et je l'obtiendrai d'elle.

GÉRONTE.

Tu me fourbes encor.

DORANTE.

Si vous ne m'en croyez,
Croyez-en pour le moins Cliton que vous voyez ;
Il sait tout mon secret.

GÉRONTE.

Tu ne meurs pas de honte
Qu'il faille que de lui je fasse plus de compte,
Et que ton père même, en douté de ta foi,
Donne plus de croyance à ton valet qu'à toi !
Écoute : je suis bon, et, malgré ma colère,
Je veux encore un coup montrer un cœur de père ;
Je veux encore un coup pour toi me hasarder.
Je connois ta Lucrèce, et la vais demander :
Mais si de ton côté le moindre obstacle arrive...

DORANTE.

Pour vous mieux assurer, souffrez que je vous suive.

GÉRONTE.

Demeure ici, demeure, et ne suis point mes pas :
Je doute, je hasarde, et je ne te crois pas.
Mais sache que tantôt si pour cette Lucrèce
Tu fais la moindre fourbe, ou la moindre finesse,
Tu peux bien fuir mes yeux, et ne me voir jamais ;
Autrement, souviens-toi du serment que je fais,
Je jure les rayons du jour qui nous éclaire
Que tu ne mourras point que de la main d'un père,
Et que ton sang indigne à mes pieds répandu
Rendra prompte justice à mon honneur perdu.

SCÈNE IV.

DORANTE, CLITON.

DORANTE.

Je crains peu les effets d'une telle menace.

CLITON.

Vous vous rendez trop tôt et de mauvaise grace;
Et cet esprit adroit, qui l'a dupé deux fois,
Devoit en galant homme aller jusques à trois :
Toutes tierces, dit-on, sont bonnes, ou mauvaises.

DORANTE.

Cliton, ne raille point, que tu ne me déplaises :
D'un trouble tout nouveau j'ai l'esprit agité.

CLITON.

N'est-ce point du remords d'avoir dit vérité ?
Si pourtant ce n'est point quelque nouvelle adresse;
Car je doute à présent si vous aimez Lucrèce, [2]
Et vous vois si fertile en semblables détours,
Que, quoi que vous disiez, je l'entends au rebours.

DORANTE.

Je l'aime; et sur ce point ta défiance est vaine :
Mais je hasarde trop, et c'est ce qui me gêne.
Si son père et le mien ne tombent point d'accord,
Tout commerce est rompu, je fais naufrage au port.
Et d'ailleurs, quand l'affaire entre eux seroit conclue,
Suis-je sûr que la fille y soit bien résolue ?
J'ai tantôt vu passer cet objet si charmant :
Sa compagne, ou je meure, a beaucoup d'agrément.
Aujourd'hui que mes yeux l'ont mieux examinée,
De mon premier amour j'ai l'ame un peu gênée :

Mon cœur entre les deux est presque partagé ; [3]
Et celle-ci l'auroit, s'il n'étoit engagé.

CLITON.

Mais pourquoi donc montrer une flamme si grande,
Et porter votre père à faire la demande ?

DORANTE.

Il ne m'auroit pas cru, si je ne l'avois fait.

CLITON.

Quoi ! même en disant vrai, vous mentiez en effet ? [4]

DORANTE.

C'étoit le seul moyen d'apaiser sa colère.
Que maudit soit quiconque a détrompé mon père !
Avec ce faux hymen j'aurois eu le loisir
De consulter mon cœur, et je pourrois choisir.

CLITON.

Mais sa compagne enfin n'est autre que Clarice.

DORANTE.

Je me suis donc rendu moi-même un bon office.
Oh ! qu'Alcippe est heureux, et que je suis confus !
Mais Alcippe, après tout, n'aura que mon refus.
N'y pensons plus, Cliton ; puisque la place est prise.

CLITON.

Vous en voilà défait aussi-bien que d'Orphise.

DORANTE.

Reportons à Lucrèce un esprit ébranlé,
Que l'autre à ses yeux même avoit presque volé.
Mais Sabine survient.

SCÈNE V.

DORANTE, SABINE, CLITON.

DORANTE.

Qu'as-tu fait de ma lettre ?
En de si belles mains as-tu su la remettre ?

SABINE.

Oui, monsieur ; mais....

DORANTE.

Quoi mais ?

SABINE.

Elle a tout déchiré.

DORANTE.

Sans lire ?

SABINE.

Sans rien lire.

DORANTE.

Et tu l'as enduré ?

SABINE.

Ah ! si vous aviez vu comme elle m'a grondée !
Elle me va chasser, l'affaire en est vidée.

DORANTE.

Elle s'apaisera ; mais, pour t'en consoler,
Tends la main.

SABINE.

Eh ! monsieur !

DORANTE.

Ose encor lui parler.

Je ne perds pas sitôt toutes mes espérances.

CLITON, bas, à Dorante.

Voyez la bonne pièce avec ses révérences !
Comme ses déplaisirs sont déjà consolés !
Elle vous en dira plus que vous n'en voulez.

DORANTE.

Elle a donc déchiré mon billet sans le lire ?

SABINE.

Elle m'avoit donné charge de vous le dire ;
Mais, à parler sans fard....

CLITON.

Sait-elle son métier !

SABINE.

Elle n'en a rien fait, et l'a lu tout entier.
Je ne puis si long-temps abuser un brave homme.

CLITON.

Si quelqu'un l'entend mieux, je l'irai dire a Rome.

DORANTE.

Elle ne me hait pas, à ce compte ?

SABINE.

Elle ? non.

DORANTE.

M'aime-t-elle ?

SABINE.

Non plus.

DORANTE.

Tout de bon ?

SABINE.

Tout de bon.

ACTE V, SCÈNE V.

DORANTE.

Aime-t-elle quelque autre ?

SABINE.

Encor moins.

DORANTE.

Qu'obtiendrai-je ?

SABINE.

Je ne sais.

DORANTE.

Mais enfin, dis-moi....

SABINE.

Que vous dirai-je ?

DORANTE.

Vérité.

SABINE.

Je la dis.

DORANTE.

Mais elle m'aimera ?

SABINE.

Peut-être.

DORANTE.

Et quand encor ?

SABINE.

Quand elle vous croira.

DORANTE.

Quand elle me croira ! Que ma joie est extrême !

SABINE.

Quand elle vous croira, dites qu'elle vous aime.

DORANTE.

Je le dis déjà donc, et m'en ose vanter,
Puisque ce cher objet n'en sauroit plus douter :

Mon père...

SABINE.

La voici qui vient avec Clarice.

SCÈNE VI.
CLARICE, LUCRÈCE, DORANTE, SABINE, CLITON.

CLARICE, bas, à Lucrèce.

Il peut te dire vrai, mais ce n'est pas son vice.
Comme tu le connois, ne précipite rien.

DORANTE, à Clarice.

Beauté qui pouvez seule et mon mal et mon bien...

CLARICE, bas, à Lucrèce.

On diroit qu'il m'en veut, et c'est moi qu'il regarde.

LUCRÈCE, bas, à Clarice.

Quelques regards sur toi sont tombés par mégarde,
Voyons s'il continue.

DORANTE, à Clarice.

Ah ! que loin de vos yeux
Les moments à mon cœur deviennent ennuyeux !
Et que je reconnois par mon expérience
Quel supplice aux amants est une heure d'absence !

CLARICE, bas, à Lucrèce.

Il continue encor.

LUCRÈCE, bas, à Clarice.

Mais vois ce qu'il m'écrit.

CLARICE, bas, à Lucrèce.

Mais écoute.

LUCRÈCE, bas, à Clarice.

Tu prends pour toi ce qu'il me dit.

ACTE V, SCÈNE VI.

CLARICE, bas, à Lucrèce.

Éclaircissons-nous-en. (haut.) Vous m'aimez donc, Dorante ?

DORANTE, à Clarice.

Hélas ! que cette amour vous est indifférente !
Depuis que vos regards m'ont mis sous votre loi...

CLARICE, bas, à Lucrèce.

Crois-tu que le discours s'adresse encore à toi ?

LUCRÈCE, bas, à Clarice.

Je ne sais où j'en suis.

CLARICE, bas, à Lucrèce.

Oyons la fourbe entière.

LUCRÈCE, bas, à Clarice.

Vu ce que nous savons, elle est un peu grossière.

CLARICE, bas, à Lucrèce.

C'est ainsi qu'il partage entre nous son amour ;
Il te flatte de nuit, et m'en conte de jour.

DORANTE, à Clarice.

Vous consultez ensemble ! Ah ! quoi qu'elle vous die,
Sur de meilleurs conseils disposez de ma vie ;
Le sien auprès de vous me seroit trop fatal ;
Elle a quelque sujet de me vouloir du mal.

LUCRÈCE, en elle-même.

Ah ! je n'en ai que trop ; et si je ne me venge....

CLARICE, à Dorante.

Ce qu'elle me disoit est de vrai fort étrange.

DORANTE.

C'est quelque invention de son esprit jaloux.

CLARICE.

Je le crois : mais enfin me reconnoissez-vous ?

DORANTE.

Si je vous reconnois ? Quittez ces railleries,
Vous que j'entretins hier dedans les Tuileries,
Que je fis aussitôt maîtresse de mon sort.

CLARICE.

Si je veux toutefois en croire son rapport,
Pour une autre déjà votre ame inquiétée....

DORANTE.

Pour une autre déjà je vous aurois quittée !
Que plutôt à vos pieds mon cœur sacrifié...

CLARICE.

Bien plus, si je la crois, vous êtes marié.

DORANTE.

Vous me jouez, madame ; et, sans doute pour rire,
Vous prenez du plaisir à m'entendre redire
Qu'à dessein de mourir en des liens si doux
Je me fais marié pour toute autre que vous.

CLARICE.

Mais avant qu'avec moi le nœud d'hymen vous lie,
Vous serez marié, si l'on veut, en Turquie. [1]

DORANTE.

Avant qu'avec toute autre on me puisse engager,
Je serai marié, si l'on veut, en Alger.

CLARICE.

Mais enfin vous n'avez que mépris pour Clarice.

DORANTE.

Mais enfin vous savez le nœud de l'artifice,
Et que pour être à vous je fais ce que je puis.

CLARICE.

Je ne sais plus moi-même, à mon tour, où j'en suis.

ACTE V, SCÈNE VI.

Lucrèce, écoute un mot.

DORANTE, à Cliton.

Lucrèce ! Que dit-elle ?

CLITON, bas, à Dorante.

Vous en tenez, monsieur : Lucrèce est la plus belle ;
Mais laquelle des deux ? J'en ai le mieux jugé,
Et vous auriez perdu si vous aviez gagé.

DORANTE, bas, à Cliton.

Cette nuit à la voix j'ai cru la reconnoître.

CLITON, bas, à Dorante.

Clarice, sous son nom, parloit à sa fenêtre ;
Sabine m'en a fait un secret entretien.

DORANTE, bas, à Cliton.

Bonne bouche ! j'en tiens : mais l'autre la vaut bien ;
Et, comme dès tantôt je la trouvois bien faite,
Mon cœur déjà penchoit où mon erreur le jette.
Ne me découvre point ; et dans ce nouveau feu
Tu me vas voir, Cliton, jouer un nouveau jeu.
Sans changer de discours, changeons de batterie.

LUCRÈCE, bas, à Clarice.

Voyons le dernier point de son effronterie.
Quand tu lui diras tout, il sera bien surpris.

CLARICE, à Dorante.

Comme elle est mon amie, elle m'a tout appris.
Cette nuit vous l'aimiez, et m'avez méprisée.
Laquelle de nous deux avez-vous abusée ?
Vous lui parliez d'amour en termes assez doux.

DORANTE.

Moi ! depuis mon retour je n'ai parlé qu'à vous.

17.

CLARICE.

Vous n'avez point parlé cette nuit à Lucrèce?

DORANTE.

Vous n'avez point voulu me faire un tour d'adresse?
Et je ne vous ai point reconnue à la voix?

CLARICE.

Nous diroit-il bien vrai pour la première fois?

DORANTE.

Pour me venger de vous, j'eus assez de malice
Pour vous laisser jouir d'un si lourd artifice,
Et, vous laissant passer pour ce que vous vouliez,
Je vous en donnai plus que vous ne m'en donniez.
Je vous embarrassai, n'en faites point la fine.
Choisissez un peu mieux vos dupes à la mine :
Vous pensiez me jouer; et moi je vous jouois;
Mais par de faux mépris que je désavouois :
Car enfin je vous aime, et je hais de ma vie
Les jours que j'ai vécu sans vous avoir servie.

CLARICE.

Pourquoi, si vous m'aimez, feindre un hymen en l'air,
Quand un père pour vous est venu me parler?
Quel fruit de cette fourbe osez-vous vous promettre?

LUCRÈCE, à Dorante.

Pourquoi, si vous l'aimez, m'écrire cette lettre?

DORANTE, à Lucrèce.

J'aime de ce courroux les principes cachés.
Je ne vous déplais pas, puisque vous vous fâchez.
Mais j'ai moi-même enfin assez joué d'adresse;
Il faut vous dire vrai, je n'aime que Lucrèce.

ACTE V, SCÈNE VI.

CLARICE, à Lucrèce.

Est-il un plus grand fourbe? et peux-tu l'écouter? 3

DORANTE, à Lucrèce.

Quand vous m'aurez ouï, vous n'en pourrez douter.
Sous votre nom, Lucrèce, et par votre fenêtre,
Clarice m'a fait pièce, et je l'ai su connoître;
Comme, en y consentant, vous m'avez affligé,
Je vous ai mise en peine, et je m'en suis vengé.

LUCRÈCE.

Mais que disiez-vous hier dedans les Tuileries?

DORANTE.

Clarice fut l'objet de mes galanteries....

CLARICE, bas, à Lucrèce.

Veux-tu long-temps encore écouter ce moqueur?

DORANTE, à Lucrèce.

Elle avoit mes discours, mais vous aviez mon cœur,
Où vos yeux faisoient naître un feu que j'ai fait taire,
Jusqu'à ce que ma flamme ait eu l'aveu d'un père :
Comme tout ce discours n'étoit que fiction,
Je cachois mon retour et ma condition.

CLARICE, bas, à Lucrèce.

Vois que fourbe sur fourbe à nos yeux il entasse, 4
Et ne fait que jouer des tours de passe-passe.

DORANTE, à Lucrèce.

Vous seule êtes l'objet dont mon cœur est charmé.

LUCRÈCE, à Dorante.

C'est ce que les effets m'ont fort mal confirmé.

DORANTE.

Si mon père à présent porte parole au vôtre, 5
Après son témoignage, en voudrez-vous quelque autre?

LUCRÈCE.

Après son témoignage, il faudra consulter
Si nous aurons encor quelque lieu d'en douter.

DORANTE, à Lucrèce.

Qu'à de telles clartés votre erreur se dissipe.
(à Clarice.)
Et vous, belle Clarice, aimez toujours Alcippe;
Sans l'hymen de Poitiers il ne tenoit plus rien :
Je ne lui ferai pas ce mauvais entretien ; 6
Mais entre vous et moi vous savez le mystère.
Le voici qui s'avance, et j'aperçois mon père.

SCÈNE VII.

GÉRONTE, DORANTE, ALCIPPE, CLARICE, LUCRÈCE, ISABELLE, SABINE, CLITON.

ALCIPPE, sortant de chez Clarice, et parlant à elle.

Nos parents sont d'accord, et vous êtes à moi.

GÉRONTE, sortant de chez Lucrèce, et parlant à elle.

Votre père à Dorante engage votre foi.

ALCIPPE, à Clarice.

Un mot de votre main, l'affaire est terminée.

GÉRONTE, à Lucrèce.

Un mot de votre bouche achève l'hyménée.

DORANTE, à Lucrèce.

Ne soyez pas rebelle à seconder mes vœux.

ALCIPPE.

Êtes-vous aujourd'hui muettes toutes deux ?

CLARICE.
Mon père a sur mes vœux une entière puissance.
LUCRÈCE.
Le devoir d'une fille est dans l'obéissance. 1.
GÉRONTE, à Lucrèce.
Venez donc recevoir ce doux commandement.
ALCIPPE, à Clarice.
Venez donc ajouter ce doux consentement.

(Alcippe rentre chez Clarice avec elle et Isabelle, et le reste rentre chez Lucrèce.)

SABINE, à Dorante, comme il rentre.
Si vous vous mariez, il ne pleuvra plus guères.
DORANTE.
Je changerai pour toi cette pluie en rivières. 2
SABINE.
Vous n'aurez pas loisir seulement d'y penser.
Mon métier ne vaut rien quand on s'en peut passer.
CLITON, seul.
Comme en sa propre fourbe un menteur s'embarrasse !
Peu sauroient comme lui s'en tirer avec grace.
Vous autres, qui doutiez s'il en pourroit sortir,
Par un si rare exemple apprenez à mentir. 3

FIN DU MENTEUR.

LA
MORT DE POMPÉE,
TRAGÉDIE
1641.

A MONSEIGNEUR
L'ÉMINENTISSIME
CARDINAL MAZARIN.

Monseigneur,

Je présente le grand Pompée à votre éminence, c'est-à-dire, le plus grand personnage de l'ancienne Rome au plus illustre de la nouvelle ; je mets sous la protection du premier ministre de notre jeune roi un héros qui dans sa bonne fortune fut le protecteur de beaucoup de rois, et qui dans sa mauvaise eut encore des rois pour ses ministres. Il espère de la générosité de V. É. qu'elle ne dédaignera pas de lui conserver cette seconde vie que j'ai tâché de lui redonner, et que, lui rendant cette justice qu'elle fait rendre par tout le royaume, elle le vengera pleinement de la mauvaise politique de la cour d'Égypte. Il l'espère, et avec raison, puisque, dans le peu de séjour qu'il a fait en France, il a déjà su de la voix publique que les maximes dont vous vous servez pour la conduite de cet état ne sont point fondées sur d'autres principes que ceux de la vertu. Il a su d'elle les obligations que vous a la France de l'avoir choisie pour votre seconde mère, qui vous est d'autant plus redevable, que les grands services que vous lui rendez sont de purs effets de votre inclination et de votre zèle, et non pas des devoirs de votre naissance. Il a su que Rome s'est acquittée envers notre jeune monarque de ce qu'elle devoit à ses prédécesseurs par le présent qu'elle lui a fait de votre personne. Il a su d'elle enfin que la solidité de votre prudence et la netteté de vos lumières enfantent des conseils si avantageux pour le gouvernement, qu'il semble que ce soit vous à qui, par un esprit de prophétie, notre Virgile ait adressé ce vers il y a plus de seize siècles,

Tu regere imperio populos, Romane, memento.

Voilà, monseigneur, ce que ce grand homme a appris en apprenant à parler françois,

Pauca, sed a pleno venientia pectore veri.

Et comme la gloire de V. É. est assez assurée sur la fidélité de cette voix publique, je n'y mêlerai

DÉDICATOIRE. 207

point la foiblesse de mes pensées, ni la rudesse de mes expressions, qui pourroient diminuer quelque chose de son éclat; et je n'ajouterai rien aux célèbres témoignages qu'elle vous rend, qu'une profonde vénération pour les hautes qualités qui vous les ont acquis, avec une protestation très sincère et très inviolable d'être toute ma vie,

MONSEIGNEUR,

de votre éminence

le très humble, très obéissant, et très fidèle serviteur,
P. CORNEILLE.

REMERCÎMENT

A MONSIEUR LE CARDINAL

MAZARIN.

Non, tu n'es point ingrate, ô maîtresse du monde,
Qui de ce grand pouvoir sur la terre et sur l'onde *,
Malgré l'effort des temps, retiens sur nos autels
Le souverain empire et des droits immortels.
Si de tes vieux héros j'aime encor la mémoire,
Tu relèves mon nom sur l'aile de leur gloire **;
Et ton noble génie, en mes vers mal tracé,
Par ton nouveau héros m'en a récompensé.
C'est toi, grand cardinal, homme au-dessus de l'homme ***
Rare don qu'à la France ont fait le ciel et Rome;

---

* SUR LA TERRE ET SUR L'ONDE est devenu, comme on l'a déjà remarqué, un lieu commun qu'il n'est plus permis d'employer.

** SUR L'AILE DE LEUR GLOIRE. On dirait bien SUR L'AILE DE LA GLOIRE, parceque la gloire est personnifiée; mais LEUR GLOIRE ne peut l'être.

*** HOMME AU-DESSUS DE L'HOMME est bien fort pour le cardinal Mazarin. Que dirait-on de plus des Antonins?

C'est toi, dis-je, ô héros, ô cœur vraiment romain,
Dont Rome en ma faveur vient d'emprunter la main.
Mon honneur n'a point eu de douteuse apparence;
Tes dons ont devancé même mon espérance;
Et ton cœur généreux m'a surpris d'un bienfait
Qui ne m'a pas coûté seulement un souhait.
La grace s'affoiblit quand il faut qu'on l'attende :
Tel pense l'acheter alors qu'il la demande;
Et c'est je ne sais quoi d'abaissement * secret
Où quiconque a du cœur ne consent qu'à regret.
C'est un terme honteux que celui de prière;
Tu me l'as épargné, tu m'as fait grace entière.
Ainsi l'honneur se mêle au bien que je reçois.
Qui donne comme toi donne plus d'une fois :
Son don marque une estime et plus pure et plus pleine;
Il attache les cœurs d'une plus forte chaîne;
Et, prenant nouveau prix de la main qui le fait,
Sa façon de bien faire est un second bienfait.
Ainsi le grand Auguste ** autrefois dans ta ville
Aimoit à prévenir l'attente de Virgile :
Lui que j'ai fait revivre, et qui revit en toi,
En usoit envers lui comme tu fais vers moi.

 Certes, dans la chaleur que le ciel nous inspire,
Nos vers disent souvent plus qu'ils ne pensent dire :

---

 * C'EST JE NE SAIS QUOI D'ABAISSEMENT n'est pas français.

 ** AINSI LE GRAND AUGUSTE. Il est triste que Corneille ait comparé Mazarin et Montauron à Auguste.

Et ce feu qui sans nous pousse les plus heureux
Ne nous explique pas tout ce qu'il fait par eux.
Quand j'ai peint un Horace, un Auguste, un Pompée,
Assez heureusement ma muse s'est trompée,
Puisque, sans le savoir, avecque leur portrait
Elle tiroit du tien un admirable trait *.
Leurs plus hautes vertus qu'étale mon ouvrage
N'y font que prendre un rang pour former ton image.
Quand j'aurai peint encor tous ces vieux conquérants,
Les Scipions ** vainqueurs, et les Catons mourants,

---

* Elle tiroit du tien un admirable trait. Il est encore plus triste qu'il tire un admirable trait du portrait du cardinal Mazarin, en peignant Horace, César, et Pompée.

** Les Scipions achèvent cette étonnante flatterie. Boileau avait en vue ces fausses louanges prodiguées à un ministre, quand il dit à monsieur de Seignelai :

> Si, pour faire sa cour à ton illustre père,
> Seignelai, quelque auteur, d'un faux zèle emporté,
> Au lieu de peindre en lui la noble activité,
> La solide vertu, la vaste intelligence,
> Le zèle pour son roi, l'ardeur, la vigilance,
> La constante équité, l'amour pour les beaux arts,
> Lui donnoit des vertus d'Alexandre ou de Mars,
> Et, pouvant justement l'égaler à Mécène,
> Le comparoit au fils de Pélée ou d'Alcmène ;
> Ses yeux, d'un tel discours foiblement éblouis,
> Bientôt dans ce tableau reconnoîtroient Louis.

Les Pauls, les Fabiens; alors de tous ensemble
On en verra sortir un tout qui te ressemble;
Et l'on rassemblera de leurs pompeux débris
Ton ame et ton courage épars dans mes écrits.
Souffre donc que pour guide au travail qui me reste
J'ajoute ton exemple à cette ardeur céleste,
Et que de tes vertus le portrait sans égal
S'achève de ma main sur son original.
Quand j'étudie en toi ces sentiments illustres
Qu'a conservés ton sang à travers tant de lustres,
Et que le ciel propice et les destins amis
De tes fameux Romains en ton ame ont transmis;
Alors, de tes couleurs peignant les aventures,
J'en porterai si haut les brillantes peintures,
Que ta Rome elle-même, admirant mes travaux,
N'en reconnoîtra plus les vieux originaux,
Et se plaindra de moi de voir sur eux gravées
Les vertus qu'à toi seul elle avoit réservées;
Cependant qu'à l'éclat de tes propres clartés
Tu te reconnoîtras sous des noms empruntés.
 Mais ne te lasse point d'illuminer mon ame,
Ni de prêter ta vie à conduire ma flamme *;

Horace avait dit la même chose dans sa seizième épître du premier livre:

 Si quis bella tibi terrâ pugnata marique....

 * Ni de prêter ta vie a conduire ma flamme. On ne prête point une vie à conduire une flamme. Il veut dire ne cesse d'échauffer mon génie par tes illustres actions.

Et, de ces grands soucis que tu prends pour mon roi,
Daigne encor quelquefois descendre jusqu'à moi.
Délasse en mes écrits ta noble inquiétude * ;
Et tandis que, sur elle appliquant mon étude,
J'emploîrai pour te plaire et pour te divertir,
Les talents que le ciel m'a voulu départir,
Reçois, avec les vœux de mon obéissance,
Ces vers précipités par ma reconnoissance ;
L'impatient transport de mon ressentiment
N'a pu pour les polir m'accorder un moment.
S'ils ont moins de douceur, ils en ont plus de zèle ;
Leur rudesse est le sceau d'une ardeur plus fidèle :
Et ta bonté verra dans leur témérité
Avec moins d'ornement plus de sincérité.

---

* DÉLASSE EN MES ÉCRITS TA NOBLE INQUIÉTUDE. On se délasse de ses travaux par des écrits agréables ; on ne délasse point une inquiétude.

Ajoutons à ces remarques, qu'on peut trop flatter un cardinal, et faire des tragédies pleines de sublime.

PRÉFACE
DE CORNEILLE
AU LECTEUR.

Si je voulois faire ici ce que j'ai fait en mes derniers ouvrages, et te donner le texte ou l'abrégé des auteurs dont cette histoire est tirée, afin que tu pusses remarquer en quoi je m'en serois écarté pour l'accommoder au théâtre, je ferois un avant-propos dix fois plus long que mon poëme, et j'aurois à rapporter des livres entiers de presque tous ceux qui ont écrit l'histoire romaine. Je me contenterai de t'avertir que celui dont je me suis le plus servi a été le poëte Lucain, dont la lecture m'a rendu si amoureux de la force de ses pensées et de la majesté de son raisonnement, qu'afin d'en enrichir notre langue j'ai fait cet effort pour réduire en poëme dramatique ce qu'il a traité en épique. Tu trouveras ici cent ou deux cents vers traduits ou imités de lui, que tu reconnoîtras aux mêmes marques que tu as déjà reconnu ce que j'ai emprunté de D. Guilain de Castro dans le Cid.*

---
* Nous avons cru devoir supprimer ici les citations

J'ai tâché de suivre ce grand homme dans le reste, et de prendre son caractère quand son exemple m'a manqué : si je suis demeuré bien loin derrière, tu en jugeras. Cependant j'ai cru ne te déplaire pas de te donner ici trois passages qui ne viennent pas mal à mon sujet. Le premier est une épitaphe de Pompée, prononcée par Caton dans Lucain. Les deux autres sont deux peintures de Pompée et de César, tirées de Velleius Paterculus. Je les laisse en latin, de peur que ma traduction n'ôte trop de leur grace et de leur force. Les dames se les feront expliquer.

---

latines, comme nous avons supprimé les espagnoles dans le Cid, et par les mêmes raisons.

EPITAPHIUM

POMPEII MAGNI.

Cato apud Lucanum, libro 9.

Civis obit, inquit, multo majoribus impar
Nosse modum juris, sed in hoc tamen utilis ævo,
Cui non ulla fuit justi reverentia : salvâ
Libertate potens, et solus plebe paratâ
Privatus servire sibi; rectorque senatûs,
Sed regnantis, erat. Nil belli jure poposcit :
Quæque dari voluit, voluit sibi posse negari.
Immodicas possedit opes, sed plura retentis
Intulit : invasit ferrum, sed ponere norat.
Prætulit arma togæ ; sed pacem armatus amavit.
Juvit sumpta ducem, juvit dimissa potestas.
Casta domus, luxuque carens, corruptaque numquam
Fortuna domini. Clarum et venerabile nomen
Gentibus, et multùm nostræ quod proderat urbi.
Olim vera fides, Syllâ Marioque receptis,
Libertatis obit : Pompeio rebus adempto
Nunc et ficta perit. Non jam regnare pudebit :
Nec color imperii, nec frons erit ulla senatûs.
O felix, cui summa dies fuit obvia victo,
Et cui quærendos Pharium scelus obtulit enses !

Forsitan in soceri potuisset vivere regno.
Scire mori, sors prima viris; sed proxima, cogi.
Et mihi, si fatis aliena in jura venimus,
Da talem, Fortuna, Jubam : non deprecor hosti
Servari, dum me servet cervice recisâ.

ICON POMPEII MAGNI.

Velleius Paterculus, lib. 2.

Fuit hic genitus matre Luciliâ, stirpis senatoriæ; formâ excellens, non eâ quâ flos commendatur ætatis, sed quæ ex dignitate constantiaque in illam conveniens amplitudinem, fortunam quoque ejus ad ultimum vitæ comitata est diem : innocentiâ eximius, sanctitate præcipuus, eloquentiâ medius ; potentiæ quæ honoris causâ ad eum deferretur, non ut ab eo occuparetur, cupidissimus : dux bello peritissimus : civis in toga (nisi ubi vereretur ne quem haberet parem) modestissimus, amicitiarum tenax, in offensis exorabilis, in reconcilianda gratia fidelissimus, in accipienda satisfactione facillimus, potentiâ suâ numquam aut rarò ad impotentiam usus ; pæne omnium votorum expers, nisi numeraretur inter maxima, in civitate libera dominaque gentium, indignari, cùm omnes cives jure haberet pares, quemquam æqualem dignitate conspicere.

ICON C. CÆSARIS.

Idem, ibidem.

Hic, nobilissimâ Juliorum genitus familiâ, et, quod inter omnes antiquissimos constabat, ab Anchise ac Venere ducens genus, formâ omnium civium excellentissimus, vigore animi acerrimus, munificentiâ effusissimus; animo super humanam et naturam et fidem evectus, magnitudine cogitationum, celeritate bellandi, patientiâ periculorum; magno illi Alexandro, sed sobrio, neque iracundo, simillimus; qui denique semper et somno et cibo in vitam, non in voluptatem, uteretur.

PERSONNAGES.

JULES-CÉSAR.
MARC-ANTOINE.
LÉPIDE.
CORNÉLIE, femme de Pompée.
PTOLOMÉE, roi d'Égypte.
CLÉOPATRE, sœur de Ptolomée.
PHOTIN, chef du conseil d'Égypte.
ACHILLAS, lieutenant général des armées du roi d'Égypte.
SEPTIME, tribun romain, à la solde du roi d'Égypte.
CHARMION, dame d'honneur de Cléopâtre.
ACHORÉE, écuyer de Cléopâtre.
PHILIPPE, affranchi de Pompée.
Troupe de Romains.
Troupe d'Égyptiens.

La scène est à Alexandrie, dans le palais de Ptolomée.

LA MORT DE POMPÉE,

TRAGÉDIE.

ACTE PREMIER.

SCÈNE I.

PTOLOMÉE, PHOTIN, ACHILLAS, SEPTIME.

PTOLOMÉE.

LE destin se déclare ; et nous venons d'entendre
Ce qu'il a résolu du beau-père et du gendre.
Quand les dieux étonnés sembloient se partager,
Pharsale a décidé ce qu'ils n'osoient juger.
Ses fleuves teints de sang, et rendus plus rapides
Par le débordement de tant de parricides,
Cet horrible débris d'aigles, d'armes, de chars,
Sur ces champs empestés confusément épars,
Ces montagnes de morts privés d'honneurs suprêmes,
Que la nature force à se venger eux-mêmes,
Et dont les troncs pourris exhalent dans les vents
De quoi faire la guerre au reste des vivants,

Sont les titres affreux dont le droit de l'épée,
Justifiant César, a condamné Pompée.
Ce déplorable chef du parti le meilleur,
Que sa fortune lasse abandonne au malheur,
Devient un grand exemple, et laisse à la mémoire
Des changements du sort une éclatante histoire.
Il fuit, lui qui, toujours triomphant et vainqueur,
Vit ses prospérités égaler son grand cœur ;
Il fuit, et dans nos ports, dans nos murs, dans nos villes ;
Et, contre son beau-père ayant besoin d'asiles,
Sa déroute orgueilleuse en cherche aux mêmes lieux [2]
Où contre les Titans en trouvèrent les dieux :
Il croit que ce climat, en dépit de la guerre, [3]
Ayant sauvé le ciel, sauvera bien la terre,
Et, dans son désespoir à la fin se mêlant,
Pourra prêter l'épaule au monde chancelant.
Oui, Pompée avec lui porte le sort du monde,
Et veut que notre Égypte, en miracles féconde, [4]
Serve à sa liberté de sépulcre ou d'appui,
Et relève sa chute, ou trébuche sous lui.

C'est de quoi, mes amis, nous avons à résoudre.
Il apporte en ces lieux les palmes, ou la foudre :
S'il couronna le père, il hasarde le fils ;
Et, nous l'ayant donnée, il expose Memphis.
Il faut le recevoir, ou hâter son supplice,
Le suivre, ou le pousser dedans le précipice.
L'un me semble peu sûr, l'autre peu généreux ;
Et je crains d'être injuste, ou d'être malheureux.
Quoi que je fasse enfin, la fortune ennemie
M'offre bien des périls, ou beaucoup d'infamie :
C'est à moi de choisir, c'est à vous d'aviser
A quel choix vos conseils me doivent disposer.

Il s'agit de Pompée; et nous aurons la gloire 5
D'achever dé César ou troubler la victoire;
Et je puis dire enfin que jamais potentat 6
N'eut à délibérer d'un si grand coup d'état.

PHOTIN.

Sire, quand par le fer les choses sont vidées, 7
La justice et le droit sont de vaines idées;
Et qui veut être juste en de telles saisons 8
Balance le pouvoir, et non pas les raisons.
Voyez donc votre force; et regardez Pompée,
Sa fortune abattue, et sa valeur trompée.
César n'est pas le seul qu'il fuie en cet état:
Il fuit et le reproche et les yeux du sénat,
Dont plus de la moitié piteusement étale 9
Une indigne curée aux vautours de Pharsale;
Il fuit Rome perdue; il fuit tous les Romains, 10
A qui par sa défaite il met les fers aux mains;
Il fuit le désespoir des peuples et des princes
Qui vengeroient sur lui le sang de leurs provinces,
Leurs états et d'argent et d'hommes épuisés,
Leurs trônes mis en cendre, et leurs sceptres brisés:
Auteur des maux de tous, il est à tous en butte, 11
Et fuit le monde entier écrasé sous sa chute.
Le défendrez-vous seul contre tant d'ennemis?
L'espoir de son salut en lui seul étoit mis;
Lui seul pouvoit pour soi : cédez alors qu'il tombe.
Soutiendrez-vous un faix sous qui Rome succombe,
Sous qui tout l'univers se trouve foudroyé, 12
Sous qui le grand Pompée a lui-même ployé?
Quand on veut soutenir ceux que le sort accable,
A force d'être juste on est souvent coupable;

Et la fidélité qu'on garde imprudemment,
Après un peu d'éclat, traîne un long châtiment,
Trouve un noble revers, dont les coups invincibles, 13
Pour être glorieux, ne sont pas moins sensibles.

Sire, n'attirez point le tonnerre en ces lieux;
Rangez-vous du parti des destins et des dieux;
Et sans les accuser d'injustice ou d'outrage, 14
Puisqu'ils font les heureux, adorez leur ouvrage;
Quels que soient leurs décrets, déclarez-vous pour eux,
Et pour leur obéir perdez le malheureux.
Pressé de toutes parts des colères célestes, 15
Il en vient dessus vous faire fondre les restes; 16
Et sa tête, qu'à peine il a pu dérober,
Toute prête de choir, cherche avec qui tomber.
Sa retraite chez vous en effet n'est qu'un crime; 17
Elle marque sa haine, et non pas son estime; 18
Il ne vient que vous perdre en venant prendre port : 19
Et vous pouvez douter s'il est digne de mort!
Il devoit mieux remplir nos vœux et notre attente,
Faire voir sur ses nefs la victoire flottante;
Il n'eût ici trouvé que joie et que festins : 20
Mais puisqu'il est vaincu, qu'il s'en prenne aux destins.
J'en veux à sa disgrace, et non à sa personne :
J'exécute à regret ce que le ciel ordonne;
Et du même poignard pour César destiné
Je perce en soupirant son cœur infortuné.
Vous ne pouvez enfin qu'aux dépens de sa tête 21
Mettre à l'abri la vôtre, et parer la tempête.
Laissez nommer sa mort un injuste attentat :
La justice n'est pas une vertu d'état.
Le choix des actions ou mauvaises ou bonnes 22
Ne fait qu'anéantir la force des couronnes :

Le droit des rois consiste à ne rien épargner; 23
La timide équité détruit l'art de régner.
Quand on craint d'être injuste, on a toujours à craindre;
Et qui veut tout pouvoir doit oser tout enfreindre. 24
Fuir comme un déshonneur la vertu qui le perd,
Et voler sans scrupule au crime qui le sert.
 C'est là mon sentiment. Achillas et Septime
S'attacheront peut-être à quelque autre maxime.
Chacun a son avis; mais, quel que soit le leur,
Qui punit le vaincu ne craint point le vainqueur.

ACHILLAS.

Sire, Photin dit vrai; mais, quoique de Pompée
Je voie et la fortune et la valeur trompée,
Je regarde son sang comme un sang précieux
Qu'au milieu de Pharsale ont respecté les dieux.
Non qu'en un coup d'état je n'approuve le crime;
Mais, s'il n'est nécessaire, il n'est point légitime.
Et quel besoin ici d'une extrême rigueur?
Qui n'est point au vaincu ne craint point le vainqueur.
Neutre jusqu'à présent, vous pouvez l'être encore;
Vous pouvez adorer César, si l'on l'adore : 25
Mais, quoique vos encens le traitent d'immortel, 26
Cette grande victime est trop pour son autel;
Et sa tête immolée au dieu de la victoire
Imprime à votre nom une tache trop noire :
Ne le pas secourir suffit sans l'opprimer.
En usant de la sorte on ne vous peut blâmer. 27
Vous lui devez beaucoup; par lui Rome animée
A fait rendre le sceptre au feu roi Ptolomée :
Mais la reconnoissance et l'hospitalité
Sur les ames des rois n'ont qu'un droit limité.

Quoi que doive un monarque, et dût-il sa couronne, 28
Il doit à ses sujets encor plus qu'à personne,
Et cesse de devoir quand la dette est d'un rang
A ne point l'acquitter qu'aux dépens de leur sang.
S'il est juste d'ailleurs que tout se considère,
Que hasardoit Pompée en servant votre père ?
Il se voulut par là faire voir tout-puissant,
Et vit croître sa gloire en le rétablissant.
Il le servit enfin, mais ce fut de la langue ; 29
La bourse de César fit plus que sa harangue :
Sans ses mille talents, Pompée et ses discours 30
Pour rentrer en Égypte étoient un froid secours.
Qu'il ne vante donc plus ses mérites frivoles,
Les effets de César valent bien ses paroles.
Et, si c'est un bienfait qu'il faut rendre aujourd'hui,
Comme il parla pour vous, vous parlerez pour lui : 31
Ainsi vous le pouvez et devez reconnoître.
Le recevoir chez vous, c'est recevoir un maître,
Qui, tout vaincu qu'il est, bravant le nom de roi,
Dans vos propres états vous donneroit la loi.
Fermez-lui donc vos ports, mais épargnez sa tête.
S'il le faut toutefois, ma main est toute prête ;
J'obéis avec joie, et je serois jaloux
Qu'autre bras que le mien portât les premiers coups.

SEPTIME.

Sire, je suis Romain, je connois l'un et l'autre. 32
Pompée a besoin d'aide, il vient chercher la vôtre :
Vous pouvez, comme maître absolu de son sort,
Le servir, le chasser, le livrer vif, ou mort.
Des quatre le premier vous seroit trop funeste ;
Souffrez donc qu'en deux mots j'examine le reste.

Le chasser, c'est vous faire un puissant ennemi,
Sans obliger par là le vainqueur qu'à demi,
Puisque c'est lui laisser et sur mer et sur terre.³³
La suite d'une longue et difficile guerre,
Dont peut-être tous deux également lassés
Se vengeroient sur vous de tous les maux passés.
Le livrer à César n'est que la même chose : ³⁴
Il lui pardonnera, s'il faut qu'il en dispose,
Et, s'armant à regret de générosité,
D'une fausse clémence il fera vanité ;
Heureux de l'asservir en lui donnant la vie,
Et de plaire par là même à Rome asservie,
Cependant que, forcé d'épargner son rival,
Aussi-bien que Pompée il vous voudra du mal. ³⁵
Il faut le délivrer du péril et du crime, ³⁶
Assurer sa puissance, et sauver son estime,
Et du parti contraire, en ce grand chef détruit,
Prendre sur vous la honte, et lui laisser le fruit.
   C'est là mon sentiment, ce doit être le vôtre :
Par là vous gagnez l'un, et ne craignez plus l'autre.
Mais suivant d'Achillas le conseil hasardeux,
Vous n'en gagnez aucun, et les perdez tous deux.

PTOLOMÉE.

N'examinons donc plus la justice des causes, ³⁷
Et cédons au torrent qui roule toutes choses.
Je passe au plus de voix, et de mon sentiment
Je veux bien avoir part à ce grand changement.
Assez et trop long-temps l'arrogance de Rome
A cru qu'être Romain c'étoit être plus qu'homme.
Abattons sa superbe avec sa liberté ; ³⁸
Dans le sang de Pompée éteignons sa fierté ;

Tranchons l'unique espoir où tant d'orgueil se fonde,
Et donnons un tyran à ces tyrans du monde :
Secondons le destin qui les veut mettre aux fers,
Et prêtons-lui la main pour venger l'univers.
Rome, tu serviras; et ces rois que tu braves,
Et que ton insolence ose traiter d'esclaves,
Adoreront César avec moins de douleur,
Puisqu'il sera ton maître aussi-bien que le leur.
Allez donc, Achillas, allez avec Septime [39]
Nous immortaliser par cet illustre crime.
Qu'il plaise au ciel ou non, laissez-m'en le souci.
Je crois qu'il veut sa mort puisqu'il l'amène ici.

ACHILLAS.

Sire, je crois tout juste alors qu'un roi l'ordonne.

PTOLOMÉE.

Allez, et hâtez-vous d'assurer ma couronne;
Et vous ressouvenez que je mets en vos mains
Le destin de l'Égypte et celui des Romains.

SCÈNE II.

PTOLOMÉE, PHOTIN.

PTOLOMÉE.

Photin, ou je me trompe, ou ma sœur est déçue.
De l'abord de Pompée elle espère autre issue : [1]
Sachant que de mon père il a le testament,
Elle ne doute point de son couronnement;
Elle se croit déjà souveraine maîtresse [2]
D'un sceptre partagé que sa bonté lui laisse;
Et, se promettant tout de leur vieille amitié,
De mon trône en son ame elle prend la moitié, [3]
Où de son vain orgueil les cendres rallumées [4]
Poussent déjà dans l'air de nouvelles fumées.

PHOTIN.

Sire c'est un motif que je ne disois pas,
Qui devoit de Pompée avancer le trépas.
Sans doute il jugeroit de la sœur et du frère, 5
Suivant le testament du feu roi votre père,
Son hôte et son ami, qui l'en daigna saisir;
Jugez après cela de votre déplaisir. 6
Ce n'est pas que je veuille, en vous parlant contre elle,
Rompre les sacrés nœuds d'une amour fraternelle;
Du trône et non du cœur je la veux éloigner :
Car c'est ne régner pas qu'être deux à régner. 7
Un roi qui s'y résout est mauvais politique;
Il détruit son pouvoir quand il le communique;
Et les raisons d'état.... Mais, sire, la voici.

SCÈNE III.

PTOLOMÉE, CLÉOPATRE, PHOTIN.

CLÉOPATRE.

Sire, Pompée arrive, et vous êtes ici !

PTOLOMÉE.

J'attends dans mon palais ce guerrier magnanime,
Et lui viens d'envoyer Achillas et Septime. 1

CLÉOPATRE.

Quoi ! Septime à Pompée, à Pompée Achillas !

PTOLOMÉE.

Si ce n'est assez d'eux, allez, suivez leurs pas.

CLÉOPATRE.

Donc pour le recevoir c'est trop que de vous-même ?

PTOLOMÉE.

Ma sœur, je dois garder l'honneur du diadème.

CLÉOPATRE.

Si vous en portez un, ne vous en souvenez
Que pour baiser la main de qui vous le tenez,
Que pour en faire hommage aux pieds d'un si grand homme.

PTOLOMÉE.

Au sortir de Pharsale est-ce ainsi qu'on le nomme?

CLÉOPATRE.

Fût-il dans son malheur de tous abandonné,
Il est toujours Pompée, et vous a couronné. [2]

PTOLOMÉE.

Il n'en est plus que l'ombre, et couronna mon père,
Dont l'ombre, et non pas moi, lui doit ce qu'il espere;
Il peut aller, s'il veut, dessus son monument
Recevoir ses devoirs et son remercîment.

CLÉOPATRE.

Après un tel bienfait, c'est ainsi qu'on le traite!

PTOLOMÉE.

Je m'en souviens, ma sœur, et je vois sa défaite.

CLÉOPATRE.

Vous la voyez de vrai, mais d'un œil de mépris.

PTOLOMÉE.

Le temps de chaque chose ordonne et fait le prix.
Vous qui l'estimez tant, allez lui rendre hommage;
Mais songez qu'au port même il peut faire naufrage. [3]

CLÉOPATRE.

Il peut faire naufrage! et même dans le port!
Quoi! vous auriez osé lui préparer la mort?

PTOLOMÉE.

J'ai fait ce que les dieux m'ont inspiré de faire,
Et que pour mon état j'ai jugé nécessaire.

CLÉOPATRE.

Je ne le vois que trop, Photin et ses pareils
Vous ont empoisonné de leurs lâches conseils :
Ces ames que le ciel ne forma que de boue....

PHOTIN.

Ce sont de nos conseils, oui, madame; et j'avoue....

CLÉOPATRE.

Photin, je parle au roi; vous répondrez pour tous
Quand je m'abaisserai jusqu'à parler à vous.

PTOLOMÉE, à Photin.

Il faut un peu souffrir de cette humeur hautaine ;
Je sais votre innocence, et je connois sa haine ;
Après tout, c'est ma sœur, oyez sans repartir. 4

CLÉOPATRE.

Ah ! s'il est encor temps de vous en repentir,
Affranchissez-vous d'eux et de leur tyrannie ;
Rappelez la vertu par leurs conseils bannie,
Cette haute vertu dont le ciel et le sang 5
Enflent toujours les cœurs de ceux de notre rang.

PTOLOMÉE.

Quoi ! d'un frivole espoir déjà préoccupée,
Vous me parlez en reine en parlant de Pompée ;
Et d'un faux zèle ainsi votre orgueil revêtu
Fait agir l'intérêt sous le nom de vertu !
Confessez-le, ma sœur, vous sauriez vous en taire, 6
N'étoit le testament du feu roi notre père ;
Vous savez qui le garde.

CLÉOPATRE.

Et vous saurez aussi
Que la seule vertu me fait parler ainsi,

P. Corneille. 2.

Et que, si l'intérêt m'avoit préoccupée,
J'agirois pour César, et non pas pour Pompée.
Apprenez un secret que je voulois cacher,
Et cessez désormais de me rien reprocher.

 Quand ce peuple insolent qu'enferme Alexandrie
Fit quitter au feu roi son trône et sa patrie,
Et que, par ces mutins chassé de son état,
Il fut jusques à Rome implorer le sénat, 7
Il nous mena tous deux pour toucher son courage, 8
Vous assez jeune encor, moi déjà dans un âge
Où ce peu de beauté que m'ont donné les cieux 9
D'un assez vif éclat faisoit briller mes yeux.
César en fut épris, et du moins j'eus la gloire
De le voir hautement donner lieu de le croire;
Mais voyant contre lui le sénat irrité,
Il fit agir Pompée et son autorité.
Ce dernier nous servit à sa seule prière,
Qui de leur amitié fut la preuve dernière :
Vous en savez l'effet, et vous en jouissez.
Mais pour un tel amant ce ne fut pas assez;
Après avoir pour nous employé ce grand homme, 10
Qui nous gagna soudain toutes les voix de Rome,
Son amour en voulut seconder les efforts,
Et, nous ouvrant son cœur, nous ouvrit ses trésors : 11
Nous eûmes de ses feux, encore en leur naissance, 12
Et les nerfs de la guerre, et ceux de la puissance;
Et les mille talents qui lui sont encor dus
Remirent en nos mains tous nos états perdus.
Le roi, qui s'en souvint à son heure fatale,
Me laissa comme à vous la dignité royale,
Et, par son testament, qui doit servir de loi,
Me rendit une part de ce qu'il tint de moi.

C'est ainsi qu'ignorant d'où vint ce bon office.
Vous appelez faveur ce qui n'est que justice,
Et l'osez accuser d'une aveugle amitié,
Quand du tout qu'il me doit il me rend la moitié.

PTOLOMÉE.

Certes, ma sœur, le conte est fait avec adresse. [13]

CLÉOPATRE.

César viendra bientôt, et j'en ai lettre expresse;
Et peut-être aujourd'hui vos yeux seront témoins
De ce que votre esprit s'imagine le moins.
Ce n'est pas sans sujet que je parlois en reine.
Je n'ai reçu de vous que mépris et que haine; [14]
Et, de ma part du sceptre indigne ravisseur, [15]
Vous m'avez plus traitée en esclave qu'en sœur;
Même, pour éviter des effets plus sinistres,
Il m'a fallu flatter vos insolents ministres,
Dont j'ai craint jusqu'ici le fer, ou le poison :
Mais Pompée, ou César, m'en va faire raison;
Et, quoi qu'avec Photin Achillas en ordonne,
Ou l'une ou l'autre main me rendra ma couronne.
Cependant mon orgueil vous laisse à démêler [16]
Quel étoit l'intérêt qui me faisoit parler.

SCÈNE IV.

PTOLOMÉE, PHOTIN.

PTOLOMÉE.

Que dites-vous, ami, de cette âme orgueilleuse?

PHOTIN.

Sire, cette surprise est pour moi merveilleuse, [1]
Je n'en sais que penser; et mon cœur, étonné [2]
D'un secret que jamais il n'auroit soupçonné,

Inconstant et confus dans son incertitude, [3]
Ne se résout à rien qu'avec inquiétude.

PTOLOMÉE.

Sauverons-nous Pompée ? [4]

PHOTIN.

Il faudroit faire effort,
Si nous l'avions sauvé, pour conclure sa mort.
Cléopâtre vous hait : elle est fière, elle est belle ;
Et si l'heureux César a de l'amour pour elle,
La tête de Pompée est l'unique présent
Qui vous fasse contre elle un rempart suffisant.

PTOLOMÉE.

Ce dangereux esprit a beaucoup d'artifice.

PHOTIN.

Son artifice est peu contre un si grand service.

PTOLOMÉE.

Mais si, tout grand qu'il est, il cède à ses appas ?

PHOTIN.

Il la faudra flatter. Mais ne m'en croyez pas ;
Et, pour mieux empêcher qu'elle ne vous opprime,
Consultez-en encore Achillas et Septime. [5]

PTOLOMÉE.

Allons donc les voir faire, et montons à la tour ; [6]
Et nous en résoudrons ensemble à leur retour.

FIN DU PREMIER ACTE.

ACTE SECOND.

SCÈNE I.

CLÉOPATRE, CHARMION.

CLÉOPATRE.

Je l'aime, mais l'éclat d'une si belle flamme,
Quelque brillant qu'il soit, n'éblouit point mon ame;
Et toujours ma vertu retrace dans mon cœur
Ce qu'il doit au vaincu, brûlant pour le vainqueur.
Aussi qui l'ose aimer porte une ame trop haute,
Pour souffrir seulement le soupçon d'une faute;
Et je le traiterois avec indignité,
Si j'aspirois à lui par une lâcheté.

CHARMION.

Quoi ! vous aimez César ! et, si vous étiez crue,
L'Égypte pour Pompée armeroit à sa vue,
En prendroit la défense, et par un prompt secours
Du destin de Pharsale arrêteroit le cours !
L'amour, certes, sur vous a bien peu de puissance.

CLÉOPATRE.

Les princes ont cela de leur haute naissance;
Leur ame dans leur sang prend des impressions
Qui dessous leur vertu rangent leurs passions.
Leur générosité soumet tout à leur gloire:
Tout est illustre en eux, quand ils daignent se croire;

Et si le peuple y voit quelques dérèglements,
C'est quand l'avis d'autrui corrompt leurs sentiments.
Ce malheur de Pompée achève la ruine.
Le roi l'eût secouru, mais Photin l'assassine :
Il croit cette ame basse, et se montre sans foi ; 9
Mais s'il croyoit la sienne, il agiroit en roi.

CHARMION.

Ainsi donc de César l'amante et l'ennemie...

CLÉOPATRE.

Je lui garde une flamme exempte d'infamie,
Un cœur digne de lui.

CHARMION.

Vous possédez le sien ?

CLÉOPATRE.

Je crois le posséder.

CHARMION.

Mais le savez-vous bien ?

CLÉOPATRE.

Apprends qu'une princesse aimant sa renommée, 10
Quand elle dit qu'elle aime, est sûre d'être aimée ;
Et que les plus beaux feux dont son cœur soit épris 11
N'oseroient l'exposer aux hontes d'un mépris.
Notre séjour à Rome enflamma son courage :
Là j'eus de son amour le premier témoignage ;
Et depuis jusqu'ici chaque jour ses courriers
M'apportent en tribut ses vœux et ses lauriers.
Partout, en Italie, aux Gaules, en Espagne,
La fortune le suit, et l'amour l'accompagne :
Son bras ne dompte point de peuples ni de lieux 12
Dont il ne rende hommage au pouvoir de mes yeux ;

Et, de la même main dont il quitte l'épée
Fumante encor du sang des amis de Pompée,
Il trace des soupirs, et d'un style plaintif
Dans son champ de victoire il se dit mon captif.
Oui, tout victorieux il m'écrit de Pharsale,
Et si sa diligence à ses feux est égale,
Ou plutôt si la mer ne s'oppose à ses feux,
L'Égypte le va voir me présenter ses vœux.
Il vient, ma Charmion, jusque dans nos murailles
Chercher auprès de moi le prix de ses batailles,
M'offrir toute sa gloire, et soumettre à mes lois
Ce cœur et cette main qui commandent aux rois :
Et ma rigueur, mêlée aux faveurs de la guerre,
Feroit un malheureux du maître de la terre.

CHARMION.

J'oserois bien jurer que vos divins appas
Se vantent d'un pouvoir dont ils n'useront pas,
Et que le grand César n'a rien qui l'importune
Si vos seules rigueurs ont droit sur sa fortune.
Mais quelle est votre attente, et que prétendez-vous,
Puisque d'une autre femme il est déjà l'époux,
Et qu'avec Calphurnie un paisible hyménée
Par des liens sacrés tient son ame enchaînée ?

CLÉOPATRE.

Le divorce, aujourd'hui si commun aux Romains,
Peut rendre en ma faveur tous ces obstacles vains :
César en sait l'usage et la cérémonie ;
Un divorce chez lui fit place à Calphurnie.

CHARMION.

Par cette même voie il pourra vous quitter.

CLÉOPATRE.

Peut-être mon bonheur saura mieux l'arrêter ;

Peut-être mon amour aura quelque avantage.[1]
Qui saura mieux que moi ménager son courage.
Mais laissons au hasard ce qui peut arriver ;
Achevons cet hymen, s'il se peut achever :
Ne durât-il qu'un jour, ma gloire est sans seconde
D'être du moins un jour la maîtresse du monde.
J'ai de l'ambition ; et, soit vice ou vertu,
Mon cœur sous son fardeau veut bien être abattu ;
J'en aime la chaleur, et la nomme sans cesse
La seule passion digne d'une princesse.
Mais je veux que la gloire anime ses ardeurs,
Qu'elle mène sans honte au faîte des grandeurs ;
Et je la désavoue alors que sa manie
Nous présente le trône avec ignominie.
Ne t'étonne donc plus, Charmion, de me voir
Défendre encor Pompée et suivre mon devoir ;
Ne pouvant rien de plus pour sa vertu séduite,[19]
Dans mon ame en secret je l'exhorte à la fuite,
Et voudrois qu'un orage, écartant ses vaisseaux,
Malgré lui l'enlevât aux mains de ses bourreaux.
Mais voici de retour le fidèle Achorée,
Par qui j'en apprendrai la nouvelle assurée.[20]

SCÈNE II.[1]

CLÉOPATRE, ACHORÉE, CHARMION.

CLÉOPATRE.

En est-ce déjà fait ? et nos bords malheureux
Sont-ils déjà souillés d'un sang si généreux ?

ACHORÉE.

Madame, j'ai couru par votre ordre au rivage ;
J'ai vu la trahison, j'ai vu toute sa rage.[2]

Du plus grand des mortels j'ai vu trancher le sort ; 3
J'ai vu dans son malheur la gloire de sa mort. 4
Et puisque vous voulez qu'ici je vous raconte
La gloire d'une mort qui nous couvre de honte,
Écoutez, admirez, et plaignez son trépas. 5
 Ses trois vaisseaux en rade avoient mis voiles bas ;
Et voyant dans le port préparer nos galères,
Il croyoit que le roi, touché de ses misères,
Par un beau sentiment d'honneur et de devoir,
Avec toute sa cour le venoit recevoir :
Mais voyant que ce prince, ingrat à ses mérites, 6
N'envoyoit qu'un esquif rempli de satellites,
Il soupçonne aussitôt son manquement de foi, 7
Et se laisse surprendre à quelque peu d'effroi.
Enfin, voyant nos bords et notre flotte en armes,
Il condamne en son cœur ces indignes alarmes,
Et réduit tous les soins d'un si pressant ennui
A ne hasarder pas Cornélie avec lui :
« N'exposons, lui dit-il, que cette seule tête
A la réception que l'Égypte m'apprête ;
Et tandis que moi seul j'en courrai le danger,
Songe à prendre la fuite afin de me venger.
Le roi Juba nous garde une foi plus sincère ;
Chez lui tu trouveras et mes fils et ton père ;
Mais quand tu le verrois descendre chez Pluton, 8
Ne désespère point, du vivant de Caton. »
Tandis que leur amour en cet adieu conteste,
Achillas à son bord joint son esquif funeste.
Septime se présente, et, lui tendant la main,
Le salue empereur en langage romain ;
Et, comme député de ce jeune monarque,
« Passez, seigneur, dit-il, passez dans cette barque :

Les sables et les bancs cachés dessous les eaux
Rendent l'accès mal sûr à de plus grands vaisseaux. »
Ce héros voit la fourbe, et s'en moque dans l'ame :
Il reçoit les adieux des siens et de sa femme,
Leur défend de le suivre, et s'avance au trépas
Avec le même front qu'il donnoit les états;
La même majesté sur son visage empreinte
Entre ces assassins montre un esprit sans crainte ;
Sa vertu tout entière à la mort le conduit :
Son affranchi Philippe est le seul qui le suit.
C'est de lui que j'ai su ce que je viens de dire;
Mes yeux ont vu le reste, et mon cœur en soupire,
Et croit que César même à de si grands malheurs
Ne pourra refuser des soupirs et des pleurs.

CLÉOPATRE.

N'épargnez pas les miens; achevez, Achorée,
L'histoire d'une mort que j'ai déjà pleurée.

ACHORÉE.

On l'amène ; et du port nous le voyons venir,
Sans que pas un d'entre eux daigne l'entretenir.
Ce mépris lui fait voir ce qu'il en doit attendre.
Enfin l'esquif aborde, on l'invite à descendre :
Il se lève; et soudain, pour signal, Achillas
Derrière ce héros tirant son coutelas,
Septime et trois des siens, lâches enfants de Rome,
Percent à coups pressés les flancs de ce grand homme,
Tandis qu'Achillas même, épouvanté d'horreur,
De ces quatre enragés admire la fureur.

CLÉOPATRE.

Vous qui livrez la terre aux discordes civiles,
Si vous vengez sa mort, dieux, épargnez nos villes !

N'imputez rien aux lieux, reconnoissez les mains ;
Le crime de l'Égypte est fait par des Romains.
Mais que fait et que dit ce généreux courage ?

ACHORÉE.

D'un des pans de sa robe il couvre son visage,
A son mauvais destin en aveugle obéit ;
Et dédaigne de voir le ciel qui le trahit, 12
De peur que d'un coup-d'œil contre une telle offense
Il ne semble implorer son aide ou sa vengeance.
Aucun gémissement à son cœur échappé
Ne le montre, en mourant, digne d'être frappé : 13
Immobile à leurs coups, en lui-même il rappelle 14
Ce qu'eut de beau sa vie, et ce qu'on dira d'elle ;
Et tient la trahison que le roi leur prescrit 15
Trop au-dessous de lui pour y prêter l'esprit.
Sa vertu dans leur crime augmente ainsi son lustre ;
Et son dernier soupir est un soupir illustre, 16
Qui, de cette grande ame achevant les destins,
Étale tout Pompée aux yeux des assassins.
Sa tête sur les bords de la barque penchée, 17
Par le traître Septime indignement tranchée,
Passe au bout d'une lance en la main d'Achillas,
Ainsi qu'un grand trophée après de grands combats ;
Et, pour combler enfin sa tragique aventure,
On donne à ce héros la mer pour sépulture ;
Et le tronc sous les flots roule dorénavant,
Au gré de la fortune, et de l'onde, et du vent.
A ce spectacle affreux la triste Cornélie....

CLÉOPATRE.

Dieux ! en quels déplaisirs est-elle ensevelie !

ACHORÉE.

Ayant toujours suivi ce cher époux des yeux,
Je l'ai vue élever ses tristes mains aux cieux; 18
Puis, cédant aussitôt à la douleur plus forte,
Tomber, dans sa galère, évanouie ou morte.
Les siens en ce désastre, à force de ramer,
L'éloignent de la rive et regagnent la mer :
Mais sa fuite est mal sûre; et l'infâme Septime,
Qui se voit dérober la moitié de son crime,
Afin de l'achever, prend six vaisseaux au port,
Et poursuit sur les eaux Pompée après sa mort.
Cependant Achillas porte au roi sa conquête :
Tout le peuple tremblant en détourne la tête.
Un effroi général offre à l'un sous ses pas
Des abîmes ouverts pour venger ce trépas;
L'autre entend le tonnerre; et chacun se figure
Un désordre soudain de toute la nature :
Tant l'excès du forfait, troublant leurs jugements,
Présente à leur terreur l'excès des châtiments!
Philippe, d'autre part, montrant sur le rivage
Dans une âme servile un généreux courage,
Examine d'un œil et d'un soin curieux
Où les vagues rendront ce dépôt précieux,
Pour lui rendre, s'il peut, ce qu'aux morts on doit rendre
Dans quelque urne chétive en ramasser la cendre, 19
Et d'un peu de poussière élever un tombeau
A celui qui du monde eut le sort le plus beau.
Mais comme vers l'Afrique on poursuit Cornélie,
On voit d'ailleurs César venir de Thessalie :
Une flotte paroît, qu'on a peine à compter....

CLÉOPATRE.

C'est lui-même, Achorée, il n'en faut point douter.

ACTE II, SCÈNE II.

Tremblez, tremblez, méchants, voici venir la foudre ;
Cléopâtre a de quoi vous mettre tous en poudre :
César vient, elle est reine, et Pompée est vengé ;
La tyrannie est bas, et le sort a changé.

    Admirons cependant le destin des grands hommes ;
Plaignons-les, et par eux jugeons ce que nous sommes.
Ce prince d'un sénat maître de l'univers,
Dont le bonheur sembloit au-dessus du revers,
Lui que sa Rome a vu, plus craint que le tonnerre,
Triompher en trois fois des trois parts de la terre,
Et qui voyoit encore en ces derniers hasards
L'un et l'autre consul suivre ses étendards ;
Sitôt que d'un malheur sa fortune est suivie,
Les monstres de l'Égypte ordonnent de sa vie :
On voit un Achillas, un Septime, un Photin,
Arbitres souverains d'un si noble destin ;
Un roi qui de ses mains a reçu la couronne
A ces pestes de cour lâchement l'abandonne.
Ainsi finit Pompée, et peut-être qu'un jour
César éprouvera même sort à son tour.
Rendez l'augure faux, dieux, qui voyez mes larmes,
Et secondez partout et mes vœux et ses armes !

CHARMION.

Madame, le roi vient, qui pourra vous ouïr.

SCÈNE III.

PTOLOMÉE, CLÉOPATRE, CHARMION.

PTOLOMÉE.

SAVEZ-VOUS le bonheur dont nous allons jouir,
Ma sœur ?

CLÉOPATRE.

Oui, je le sais, le grand César arrive :
Sous les lois de Photin je ne suis plus captive.

PTOLOMÉE.

Vous haïssez toujours ce fidèle sujet. 1

CLÉOPATRE.

Non, mais en liberté je ris de son projet.

PTOLOMÉE.

Quel projet faisoit-il dont vous pussiez vous plaindre ?

CLÉOPATRE.

J'en ai souffert beaucoup, et j'avois plus à craindre.
Un si grand politique est capable de tout ;
Et vous donnez les mains à tout ce qu'il résout.

PTOLOMÉE.

Si je suis ses conseils, j'en connois la prudence.

CLÉOPATRE.

Si j'en crains les effets, j'en vois la violence.

PTOLOMÉE.

Pour le bien de l'état tout est juste en un roi.

CLÉOPATRE.

Ce genre de justice est à craindre pour moi ;
Après ma part du sceptre à ce titre usurpée,
Il en coûte la vie et la tête à Pompée. 2

PTOLOMÉE.

Jamais un coup d'état ne fut mieux entrepris.
Le voulant secourir, César nous eût surpris ;
Vous voyez sa vitesse ; et l'Égypte troublée
Avant qu'être en défense en seroit accablée.
Mais je puis maintenant à cet heureux vainqueur
Offrir en sûreté mon trône et votre cœur.

ACTE II, SCÈNE III.

CLÉOPATRE.

Je ferai mes présents, n'ayez soin que des vôtres, 3
Et dans vos intérêts n'en confondez point d'autres.

PTOLOMÉE.

Les vôtres sont les miens, étant de même sang.

CLÉOPATRE.

Vous pouvez dire encore, étant d'un même rang,
Étant rois l'un et l'autre ; et toutefois je pense
Que nos deux intérêts ont quelque différence.

PTOLOMÉE.

Oui, ma sœur ; car l'état dont mon cœur est content
Sur quelques bords du Nil à grand'peine s'étend :
Mais César, à vos lois soumettant son courage,
Vous va faire régner sur le Gange et le Tage.

CLÉOPATRE.

J'ai de l'ambition ; mais je la sais régler :
Elle peut m'éblouir, et non pas m'aveugler.
Ne parlons point ici du Tage ni du Gange ;
Je connois ma portée, et ne prends point le change. 4

PTOLOMÉE.

L'occasion vous rit, et vous en userez.

CLÉOPATRE.

Si je n'en use bien, vous m'en accuserez.

PTOLOMÉE.

J'en espère beaucoup, vu l'amour qui l'engage.

CLÉOPATRE.

Vous la craignez peut-être encore davantage ;
Mais, quelque occasion qui me rie aujourd'hui,
N'ayez aucune peur ; je ne veux rien d'autrui ;
Je ne garde pour vous ni haine ni colère ;
Et je suis bonne sœur, si vous n'êtes bon frère.

PTOLOMÉE.
Vous montrez cependant un peu bien du mépris.
CLÉOPATRE.
Le temps de chaque chose ordonne et fait le prix.
PTOLOMÉE.
Votre façon d'agir le fait assez connoître.
CLÉOPATRE.
Le grand César arrive, et vous avez un maître.
PTOLOMÉE.
Il l'est de tout le monde, et je l'ai fait le mien.
CLÉOPATRE.
Allez lui rendre hommage, et j'attendrai le sien.
Allez ; ce n'est pas trop pour lui que de vous-même :
Je garderai pour vous l'honneur du diadème.
Photin vous vient aider à le bien recevoir ;
Consultez avec lui quel est votre devoir.

SCÈNE IV.
PTOLOMÉE, PHOTIN.
PTOLOMÉE.
J'AI suivi tes conseils ; mais plus je l'ai flattée, [1]
Et plus dans l'insolence elle s'est emportée ;
Si bien qu'enfin, outré de tant d'indignités,
Je m'allois emporter dans les extrémités : [2]
Mon bras, dont ses mépris forçoient la retenue,
N'eût plus considéré César ni sa venue,
Et l'eût mise en état, malgré tout son appui, [3]
De s'en plaindre à Pompée auparavant qu'à lui.
L'arrogante ! à l'ouïr elle est déjà ma reine ;
Et, si César en croit son orgueil et sa haine,

Si, comme elle s'en vante, elle est son cher objet,
De son frère et son roi je deviens son sujet.
Non, non; prévenons-la: c'est foiblesse d'attendre
Le mal qu'on voit venir sans vouloir s'en défendre :
Otons-lui les moyens de nous plus dédaigner ;
Otons-lui les moyens de plaire et de régner ;
Et ne permettons pas qu'après tant de bravades 4
Mon sceptre soit le prix d'une de ses œillades.

PHOTIN.

Sire, ne donnez point de prétexte à César 5
Pour attacher l'Égypte aux pompes de son char.
Ce cœur ambitieux, qui par toute la terre
Ne cherche qu'à porter l'esclavage et la guerre,
Enflé de sa victoire et des ressentiments 6
Qu'une perte pareille imprime aux vrais amants,
Quoique vous ne rendiez que justice à vous-même,
Prendroit l'occasion de venger ce qu'il aime ;
Et, pour s'assujettir et vos états et vous,
Imputeroit à crime un si juste courroux.

PTOLOMÉE.

Si Cléopâtre vit, s'il la voit, elle est reine.

PHOTIN.

Si Cléopâtre meurt, votre perte est certaine. 7

PTOLOMÉE.

Je perdrai qui me perd, ne pouvant me sauver.

PHOTIN.

Pour la perdre avec joie il faut vous conserver.

PTOLOMÉE.

Quoi ! pour voir sur sa tête éclater ma couronne ?
Sceptre, s'il faut enfin que ma main t'abandonne, 8

Passe, passe plutôt en celle du vainqueur.

PHOTIN.

Vous l'arracherez mieux de celle d'une sœur.
Quelques feux que d'abord il lui fasse paroître,
Il partira bientôt, et vous serez le maître.
L'amour à ses pareils ne donne point d'ardeur 9
Qui ne cède aisément aux soins de leur grandeur :
Il voit encor l'Afrique et l'Espagne occupées
Par Juba, Scipion, et les jeunes Pompées ;
Et le monde à ses lois n'est point assujetti ;
Tant qu'il verra durer ces restes du parti.
Au sortir de Pharsale un si grand capitaine
Sauroit mal son métier s'il laissoit prendre haleine,
Et s'il donnoit loisir à des cœurs si hardis 10
De relever du coup dont ils sont étourdis :
S'il les vainc, s'il parvient où son désir aspire, 11
Il faut qu'il aille à Rome établir son empire,
Jouir de sa fortune et de son attentat,
Et changer à son gré la forme de l'état.
Jugez durant ce temps ce que vous pourrez faire.
Sire, voyez César, forcez-vous à lui plaire ;
Et lui déférant tout, veuillez vous souvenir
Que les évènements régleront l'avenir.
Remettez en ses mains trône, sceptre, couronne ; 12
Et, sans en murmurer, souffrez qu'il en ordonne.
Il en croira sans doute ordonner justement,
En suivant du feu roi l'ordre et le testament :
L'importance d'ailleurs de ce dernier service
Ne permet pas d'en craindre une entière injustice.
Quoi qu'il en fasse enfin, feignez d'y consentir,
Louez son jugement, et laissez-le partir.

Après, quand nous verrons le temps propre aux vengeances,
Nous aurons et la force et les intelligences.
Jusque-là réprimez ces transports violents
Qu'excitent d'une sœur les mépris insolents :
Les bravades enfin sont des discours frivoles ;
Et qui songe aux effets néglige les paroles.

PTOLOMÉE.

Ah ! tu me rends la vie et le sceptre à la fois :
Un sage conseiller est le bonheur des rois.
Cher appui de mon trône, allons, sans plus attendre,
Offrir tout à César, afin de tout reprendre ;
Avec toute ma flotte allons le recevoir, 13
Et, par ces vains honneurs, séduire son pouvoir.

FIN DU SECOND ACTE.

ACTE TROISIÈME.

SCÈNE I.re

CHARMION, ACHORÉE.

CHARMION.

Oui, tandis que le roi va lui-même en personne [2]
Jusqu'aux pieds de César prosterner sa couronne,
Cléopâtre s'enferme en son appartement,
Et, sans s'en émouvoir, attend son compliment.
Comment nommerez-vous une humeur si hautaine ?

ACHORÉE.

Un orgueil noble et juste, et digne d'une reine
Qui soutient avec cœur et magnanimité
L'honneur de sa naissance et de sa dignité :
Lui pourrai-je parler ?

CHARMION.

        Non ; mais elle m'envoie [4]
Savoir à cet abord ce qu'on a vu de joie ;
Ce qu'à ce beau présent César a témoigné ; [5]
S'il a paru content, ou s'il l'a dédaigné ;
S'il traite avec douceur, s'il traite avec empire ; [6]
Ce qu'à nos assassins enfin il a pu dire.

ACHORÉE.

La tête de Pompée a produit des effets [7]
Dont ils n'ont pas sujet d'être fort satisfaits.
Je ne sais si César prendroit plaisir à feindre ;
Mais pour eux jusqu'ici je trouve lieu de craindre :

S'ils aimoient Ptolomée, ils l'ont fort mal servi.
　　　Vous l'avez vu partir, et moi je l'ai suivi.
Ses vaisseaux en bon ordre ont éloigné la ville, 8
Et pour joindre César n'ont avancé qu'un mille.
Il venoit à plein voile ; et si dans les hasards 9
Il éprouva toujours pleine faveur de Mars,
Sa flotte, qu'à l'envi favorisoit Neptune, 10
Avoit le vent en pouppe ainsi que sa fortune.
Dès le premier abord notre prince étonné
Ne s'est plus souvenu de son front couronné ;
Sa frayeur a paru sous sa fausse alégresse ;
Toutes ses actions ont senti la bassesse :
J'en ai rougi moi-même, et me suis plaint à moi
De voir là Ptolomée, et n'y voir point de roi ;
Et César, qui lisoit sa peur sur son visage,
Le flattoit par pitié pour lui donner courage.
Lui, d'une voix tombante offrant ce don fatal :
« Seigneur, vous n'avez plus, lui dit-il, de rival ;
Ce que n'ont pu les dieux dans votre Thessalie,
Je vais mettre en vos mains Pompée et Cornélie :
En voici déjà l'un ; et pour l'autre, elle fuit,
Mais avec six vaisseaux un des miens la poursuit. » 11
A ces mots Achillas découvre cette tête :
Il semble qu'à parler encore elle s'apprête ;
Qu'à ce nouvel affront un reste de chaleur
En sanglots mal formés exhale sa douleur ;
Sa bouche encore ouverte et sa vue égarée
Rappellent sa grande ame à peine séparée ;
Et son courroux mourant fait un dernier effort
Pour reprocher aux dieux sa défaite et sa mort.
César, à cet aspect comme frappé du foudre, 12
Et comme ne sachant que croire ou que résoudre, 13

Immobile, et les yeux sur l'objet attachés,
Nous tient assez long-temps ses sentiments cachés ;
Et je dirai, si j'ose en faire conjecture ; 14
Que, par un mouvement commun à la nature, 15
Quelque maligne joie en son cœur s'élevoit,
Dont sa gloire indignée à peine le sauvoit.
L'aise de voir la terre à son pouvoir soumise
Chatouilloit malgré lui son ame avec surprise ;
Et de cette douceur son esprit combattu
Avec un peu d'effort rassuroit sa vertu.
S'il aime sa grandeur, il hait la perfidie ;
Il se juge en autrui, se tâte, s'étudie,
Examine en secret sa joie et ses douleurs ;
Les balance, choisit, laisse couler des pleurs ;
Et, forçant sa vertu d'être encor la maîtresse,
Se montre généreux par un trait de foiblesse :
Ensuite il fait ôter ce présent de ses yeux,
Lève les mains ensemble et les regards aux cieux,
Lâche deux ou trois mots contre cette insolence ;
Puis tout triste et pensif il s'obstine au silence,
Et même à ses Romains ne daigne repartir
Que d'un regard farouche et d'un profond soupir.
Enfin ayant pris terre avec trente cohortes,
Il se saisit du port, il se saisit des portes,
Met des gardes partout et des ordres secrets, 16
Fait voir sa défiance ainsi que ses regrets,
Parle d'Égypte en maître, et de son adversaire
Non plus comme ennemi, mais comme son beau-père.
Voilà ce que j'ai vu.

CHARMION.
                Voilà ce qu'attendoit,
Ce qu'au juste Osiris la reine demandoit.

ACTE III, SCÈNE I.

Je vais bien la ravir avec cette nouvelle. [7]
Vous, continuez-lui ce service fidèle.

ACHORÉE.

Qu'elle n'en doute point. Mais César vient. Allez,
Peignez-lui bien nos gens pâles et désolés;
Et moi, soit que l'issue en soit douce ou funeste,
J'irai l'entretenir quand j'aurai vu le reste.

SCÈNE II.

CÉSAR, PTOLOMÉE, LÉPIDE, PHOTIN, ACHORÉE, SOLDATS ROMAINS, SOLDATS ÉGYPTIENS.

PTOLOMÉE.

SEIGNEUR, montez au trône, et commandez ici.

CÉSAR.

Connoissez-vous César de lui parler ainsi ? [1]
Que m'offriroit de pis la fortune ennemie, [2]
A moi qui tiens le trône égal à l'infamie ?
Certes, Rome à ce coup pourroit bien se vanter
D'avoir eu juste lieu de me persécuter;
Elle qui d'un même œil les donne et les dédaigne,
Qui ne voit rien aux rois qu'elle aime ou qu'elle craigne,
Et qui verse en nos cœurs, avec l'ame et le sang,
Et la haine du nom, et le mépris du rang.
C'est ce que de Pompée il vous falloit apprendre :
S'il en eût aimé l'offre, il eût su s'en défendre; [3]
Et le trône et le roi se seroient ennoblis
A soutenir la main qui les a rétablis.
Vous eussiez pu tomber, mais tout couvert de gloire;
Votre chute eût valu la plus haute victoire;

Et si votre destin n'eût pu vous en sauver,
César eût pris plaisir à vous en relever.
Vous n'avez pu former une si noble envie :
Mais quel droit aviez-vous sur cette illustre vie ?
Que vous devoit son sang pour y tremper vos mains,
Vous qui devez respect au moindre des Romains ? 4
Ai-je vaincu pour vous dans les champs de Pharsale ?
Et, par une victoire aux vaincus trop fatale,
Vous ai-je acquis sur eux en ce dernier effort
La puissance absolue et de vie et de mort ?
Moi qui n'ai jamais pu la souffrir à Pompée,
La souffrirai-je en vous sur lui-même usurpée,
Et que de mon bonheur vous ayez abusé
Jusqu'à plus attenter que je n'aurois osé ?
De quel nom, après tout, pensez-vous que je nomme
Ce coup où vous tranchez du souverain de Rome, 5
Et qui sur un seul chef lui fait bien plus d'affront
Que sur tant de milliers ne fit le roi de Pont ?
Pensez-vous que j'ignore ou que je dissimule 6
Que vous n'auriez pas eu pour moi plus de scrupule,
Et que, s'il m'eût vaincu, votre esprit complaisant
Lui faisoit de ma tête un semblable présent ?
Graces à ma victoire, on me rend des hommages
Où ma fuite eût reçu toutes sortes d'outrages ;
Au vainqueur, non à moi, vous faites tout l'honneur :
Si César en jouit, ce n'est que par bonheur.
Amitié dangereuse, et redoutable zèle,
Que règle la fortune, et qui tourne avec elle !
Mais parlez, c'est trop être interdit et confus.

PTOLOMÉE.

Je le suis, il est vrai, si jamais je le fus ;

Et vous-même avoûrez que j'ai sujet de l'être.
Étant né souverain, je vois ici mon maître :
Ici, dis-je, où ma cour tremble en me regardant, 7.
Où je n'ai point encore agi qu'en commandant,
Je vois une autre cour sous une autre puissance,
Et ne puis plus agir qu'avec obéissance.
De votre seul aspect je me suis vu surpris ;
Jugez si vos discours rassurent mes esprits ;
Jugez par quels moyens je puis sortir d'un trouble
Que forme le respect, que la crainte redouble,
Et ce que vous peut dire un prince épouvanté
De voir tant de colère et tant de majesté.
Dans cet étonnement dont mon ame est frappée
De rencontrer en vous le vengeur de Pompée,
Il me souvient pourtant que s'il fut notre appui,
Nous vous dûmes dès lors autant et plus qu'à lui.
Votre faveur pour nous éclata la première ;
Tout ce qu'il fit après fut à votre prière :
Il émut le sénat pour des rois outragés
Que sans cette prière il auroit négligés.
Mais de ce grand sénat les saintes ordonnances
Eussent peu fait pour nous, seigneur, sans vos finances : 8
Par là de nos mutins [1] du roi vint à bout ;
Et, pour en bien pa..., nous vous devons le tout. 9.
Nous avons honoré ...tre ami, votre gendre,
Jusqu'à ce qu'à vous-même il ait osé se prendre ; 10
Mais voyant son pouvoir, de vos succès jaloux, 11
Passer en tyrannie, et s'armer contre vous....

CÉSAR.

Tout beau : que votre haine en son sang assouvie 12
N'aille point à sa gloire ; il suffit de sa vie.

[1] P. Corneille. 2.

N'avancez rien ici que Rome ose nier;
Et justifiez-vous sans le calomnier.

PTOLOMÉE.

Je laisse donc aux dieux à juger ses pensées,
Et dirai seulement qu'en vos guerres passées,
Où vous fûtes forcé par tant d'indignités,
Tous nos vœux ont été pour vos prospérités;
Que, comme il vous traitoit en mortel adversaire,
J'ai cru sa mort pour vous un malheur nécessaire; 13
Et que sa haine injuste, augmentant tous les jours,
Jusque dans les enfers chercheroit du secours; 14
Ou qu'enfin, s'il tomboit dessous votre puissance,
Il nous falloit pour vous craindre votre clémence;
Et que le sentiment d'un cœur trop généreux,
Usant mal de vos droits, vous rendît malheureux.
J'ai donc considéré qu'en ce péril extrême
Nous vous devions, seigneur, servir malgré vous-même;
Et, sans attendre d'ordre en cette occasion, 15
Mon zèle ardent l'a prise à ma confusion.
Vous m'en désavouez, vous l'imputez à crime;
Mais pour servir César rien n'est illégitime.
J'en ai souillé mes mains pour vous en préserver :
Vous pouvez en jouir, et le désapprouver;
Et j'ai plus fait pour vous, plus l'action est noire,
Puisque c'est d'autant plus vous immoler ma gloire,
Et que ce sacrifice, offert par mon devoir,
Vous assure la vôtre avec votre pouvoir.

CÉSAR.

Vous cherchez, Ptolomée, avecque trop de ruses 16
De mauvaises couleurs et de froides excuses.
Votre zèle étoit faux, si seul il redoutoit
Ce que le monde entier à pleins vœux souhaitoit; 17

Et s'il vous a donné ces craintes trop subtiles
Qui m'ôtent tout le fruit de nos guerres civiles [18]
Où l'honneur seul m'engage, et que pour terminer
Je ne veux que celui de vaincre et pardonner;
Où mes plus dangereux et plus grands adversaires,
Sitôt qu'ils sont vaincus, ne sont plus que mes frères;
Et mon ambition ne va qu'à les forcer,
Ayant dompté leur haine, à vivre et m'embrasser.
O combien d'alégresse une si triste guerre [19]
Auroit-elle laissé dessus toute la terre,
Si l'on voyoit marcher dessus un même char,
Vainqueurs de leur discorde, et Pompée et César!
Voilà ces grands malheurs que craignoit votre zèle.
O crainte ridicule autant que criminelle!
Vous craigniez ma clémence! ah! n'ayez plus ce soin; [20]
Souhaitez-la plutôt, vous en avez besoin.
Si je n'avois égard qu'aux lois de la justice,
Je m'apaiserois Rome avec votre supplice,
Sans que ni vos respects, ni votre repentir,
Ni votre dignité, vous pussent garantir;
Votre trône lui-même en seroit le théâtre :
Mais, voulant épargner le sang de Cléopâtre,
J'impute à vos flatteurs toute la trahison,
Et je veux voir comment vous m'en ferez raison;
Suivant les sentiments dont vous serez capable,
Je saurai vous tenir innocent ou coupable.
Cependant à Pompée élevez des autels;
Rendez-lui les honneurs qu'on rend aux immortels;
Par un prompt sacrifice expiez tous vos crimes;
Et surtout pensez bien au choix de vos victimes.
Allez y donner ordre, et me laissez ici
Entretenir les miens sur quelque autre souci.

SCÈNE III.

CÉSAR, ANTOINE, LÉPIDE.

CÉSAR.

Antoine, avez-vous vu cette reine adorable ? 1

ANTOINE.

Oui, seigneur, je l'ai vue : elle est incomparable ;
Le ciel n'a point encor, par de si doux accords, 2
Uni tant de vertus aux graces d'un beau corps.
Une majesté douce épand sur son visage
De quoi s'assujettir le plus noble courage ;
Ses yeux savent ravir, son discours sait charmer,
Et, si j'étois César, je la voudrois aimer.

CÉSAR.

Comme a-t-elle reçu les offres de ma flamme ? 3

ANTOINE.

Comme n'osant la croire, et la croyant dans l'ame ;
Par un refus modeste et fait pour inviter,
Elle s'en dit indigne, et la croit mériter. 4

CÉSAR.

En pourrai-je être aimé ? 5

ANTOINE.

Douter qu'elle vous aime,
Elle qui de vous seul attend son diadème,
Qui n'espère qu'en vous ! douter de ses ardeurs, 6
Vous qui la pouvez mettre au faîte des grandeurs !
Que votre amour sans crainte à son amour prétende ;
Au vainqueur de Pompée il faut que tout se rende ;
Et vous l'éprouverez. Elle craint toutefois
L'ordinaire mépris que Rome fait des rois ;

ACTE III, SCÈNE III.

Et surtout elle craint l'amour de Calphurnie :
Mais, l'une et l'autre crainte à votre aspect bannie,
Vous ferez succéder un espoir assez doux, 7
Lorsque vous daignerez lui dire un mot pour vous.

CÉSAR.

Allons donc l'affranchir de ces frivoles craintes,
Lui montrer de mon cœur les sensibles atteintes ;
Allons, ne tardons plus.

ANTOINE.

Avant que de la voir,
Sachez que Cornélie est en votre pouvoir ;
Septime vous l'amène, orgueilleux de son crime,
Et pense auprès de vous se mettre en haute estime :
Sitôt qu'ils ont pris port, vos chefs, par vous instruits, 8
Sans leur rien témoigner, les ont ici conduits.

CÉSAR.

Qu'elle entre. Ah ! l'importune et fâcheuse nouvelle ! 9
Qu'à mon impatience elle semble cruelle !
O ciel ! et ne pourrai-je enfin à mon amour
Donner en liberté ce qui reste du jour ?

SCÈNE IV.

CÉSAR, CORNÉLIE, ANTOINE, LÉPIDE, SEPTIME.

SEPTIME.

Seigneur....

CÉSAR.

Allez, Septime, allez vers votre maître ; 1
César ne peut souffrir la présence d'un traître,

D'un Romain lâche assez pour servir sous un roi,
Après avoir servi sous Pompée et sous moi.

(Septime rentre.)

CORNÉLIE.

César, car le destin, que dans tes fers je brave,
Me fait ta prisonnière, et non pas ton esclave,
Et tu ne prétends pas qu'il m'abatte le cœur
Jusqu'à te rendre hommage, et te nommer seigneur;
De quelque rude trait qu'il m'ose avoir frappée,
Veuve du jeune Crasse, et veuve de Pompée,
Fille de Scipion, et, pour dire encor plus,
Romaine, mon courage est encore au-dessus;
Et de tous les assauts que sa rigueur me livre
Rien ne me fait rougir que la honte de vivre.
J'ai vu mourir Pompée, et ne l'ai pas suivi;
Et bien que le moyen m'en ait été ravi,
Qu'une pitié cruelle à mes douleurs profondes
M'ait ôté le secours et du fer et des ondes,
Je dois rougir pourtant, après un tel malheur,
De n'avoir pu mourir d'un excès de douleur :
Ma mort étoit ma gloire, et le destin m'en prive
Pour croître mes malheurs, et me voir ta captive.
Je dois bien toutefois rendre graces aux dieux
De ce qu'en arrivant je te trouve en ces lieux;
Que César y commande, et non pas Ptolomée.
Hélas ! et sous quel astre, ô ciel, m'as-tu formée,
Si je leur dois des vœux de ce qu'ils ont permis
Que je rencontre ici mes plus grands ennemis,
Et tombe entre leurs mains plutôt qu'aux mains d'un prince
Qui doit à mon époux son trône et sa province ?
César, de ta victoire écoute moins le bruit;
Elle n'est que l'effet du malheur qui me suit;

Je l'ai porté pour dot chez Pompée et chez Crasse : 3
Deux fois du monde entier j'ai causé la disgrace ;
Deux fois de mon hymen le nœud mal assorti
A chassé tous les dieux du plus juste parti :
Heureuse en mes malheurs, si ce triste hyménée, 4
Pour le bonheur de Rome, à César m'eût donnée,
Et si j'eusse avec moi porté dans ta maison
D'un astre envenimé l'invincible poison !
Car enfin n'attends pas que j'abaisse ma haine :
Je te l'ai déjà dit, César, je suis Romaine ; 5
Et quoique ta captive, un cœur comme le mien,
De peur de s'oublier, ne te demande rien.
Ordonne ; et, sans vouloir qu'il tremble, ou s'humilie,
Souviens-toi seulement que je suis Cornélie.

CÉSAR.

O d'un illustre époux noble et digne moitié,
Dont le courage étonne, et le sort fait pitié !
Certes, vos sentiments font assez reconnoître
Qui vous donna la main, et qui vous donna l'être ;
Et l'on juge aisément, au cœur que vous portez, 6
Où vous êtes entrée, et de qui vous sortez.
L'ame du jeune Crasse, et celle de Pompée,
L'une et l'autre vertu par le malheur trompée,
Le sang des Scipions protecteur de nos dieux,
Parlent par votre bouche et brillent dans vos yeux ;
Et Rome dans ses murs ne voit point de famille
Qui soit plus honorée ou de femme ou de fille.
Plût au grand Jupiter, plût à ces mêmes dieux
Qu'Annibal eût bravés jadis sans vos aïeux,
Que ce héros si cher dont le ciel vous sépare
N'eût pas si mal connu la cour d'un roi barbare,

Ni mieux aimé tenter une incertaine foi,
Que la vieille amitié qu'il eût trouvée en moi;
Qu'il eût voulu souffrir qu'un bonheur de mes armes
Eût vaincu ses soupçons, dissipé ses alarmes;
Et qu'enfin, m'attendant sans plus se défier,
Il m'eût donné moyen de me justifier !
Alors, foulant aux pieds la discorde et l'envie,
Je l'eusse conjuré de se donner la vie,
D'oublier ma victoire, et d'aimer un rival
Heureux d'avoir vaincu pour vivre son égal :
J'eusse alors regagné son ame satisfaite
Jusqu'à lui faire aux dieux pardonner sa défaite;
Il eût fait à son tour, en me rendant son cœur,
Que Rome eût pardonné la victoire au vainqueur.
Mais puisque par sa perte, à jamais sans seconde,
Le sort a dérobé cette alégresse au monde,
César s'efforcera de s'acquitter vers vous
De ce qu'il voudroit rendre à cet illustre époux.
Prenez donc en ces lieux liberté tout entière : 7
Seulement pour deux jours soyez ma prisonnière,
Afin d'être témoin comme, après nos débats,
Je chéris sa mémoire et venge son trépas,
Et de pouvoir apprendre à toute l'Italie
De quel orgueil nouveau m'enfle la Thessalie.
Je vous laisse à vous-même, et vous quitte un moment. 8
Choisissez-lui, Lépide, un digne appartement; 9
Et qu'on l'honore ici, mais en dame romaine,
C'est-à-dire un peu plus qu'on n'honore la reine.
Commandez, et chacun aura soin d'obéir.

CORNÉLIE.
O ciel ! que de vertus vous me faites haïr ! 10

FIN DU TROISIÈME ACTE.

ACTE QUATRIÈME.

SCÈNE I.

PTOLOMÉE, ACHILLAS, PHOTIN.

PTOLOMÉE.

Quoi! de la même main et de la même épée
Dont il vient d'immoler le malheureux Pompée,
Septime, par César indignement chassé,
Dans un tel désespoir à vos yeux a passé?

ACHILLAS.

Oui, seigneur; et sa mort a de quoi vous apprendre
La honte qu'il prévient, et qu'il vous faut attendre.
Jugez quel est César à ce courroux si lent.
Un moment pousse et rompt un transport violent;
Mais l'indignation qu'on prend avec étude
Augmente avec le temps et porte un coup plus rude.
Ainsi n'espérez pas de le voir modéré :
Par adresse il se fâche après s'être assuré. 1
Sa puissance établie, il a soin de sa gloire :
Il poursuivoit Pompée, et chérit sa mémoire,
Et veut tirer à soi, par un courroux accort, 2
L'honneur de sa vengeance et le fruit de sa mort.

PTOLOMÉE.

Ah! si je t'avois cru, je n'aurois pas de maître;
Je serois dans le trône où le ciel m'a fait naître :

Mais c'est une imprudence assez commune aux rois
D'écouter trop d'avis et se tromper au choix.
Le destin les aveugle au bord du précipice; [3]
Ou si quelque lumière en leur ame se glisse,
Cette fausse clarté, dont il les éblouit,
Les plonge dans un gouffre, et puis s'évanouit.

PHOTIN.

J'ai mal connu César; mais puisqu'en son estime [4]
Un si rare service est un énorme crime,
Sire, il porte en son flanc de quoi nous en laver;
C'est là qu'est notre grace, il nous l'y faut trouver.
Je ne vous parle plus de souffrir sans murmure,
D'attendre son départ pour venger cette injure;
Je sais mieux conformer les remèdes au mal :
Justifions sur lui la mort de son rival;
Et, notre main alors également trempée
Et du sang de César et du sang de Pompée,
Rome, sans leur donner de titres différents,
Se croira par vous seul libre de deux tyrans.

PTOLOMÉE.

Oui, oui, ton sentiment enfin est véritable; [5]
C'est trop craindre un tyran que j'ai fait redoutable:
Montrons que sa fortune est l'œuvre de nos mains;
Deux fois en même jour disposons des Romains;
Faisons leur liberté comme leur esclavage.
César, que tes exploits n'enflent plus ton courage;
Considère les miens, tes yeux en sont témoins.
Pompée étoit mortel, et tu ne l'es pas moins :
Il pouvoit plus que toi; tu lui portois envie :
Tu n'as, non plus que lui, qu'une ame et qu'une vie; [6]
Et son sort que tu plains te doit faire penser [7]
Que ton cœur est sensible, et qu'on peut le percer.

Tonne, tonne à ton gré, fais peur de ta justice :
C'est à moi d'apaiser Rome par ton supplice ;
C'est à moi de punir ta cruelle douceur, 8
Qui n'épargne en un roi que le sang de sa sœur.
Je n'abandonne plus ma vie et ma puissance
Au hasard de sa haine, ou de ton inconstance ;
Ne crois pas que jamais tu puisses à ce prix
Récompenser sa flamme, ou punir ses mépris :
J'emploîrai contre toi de plus nobles maximes.
Tu m'as prescrit tantôt de choisir des victimes,
De bien penser au choix ; j'obéis, et je voi
Que je n'en puis choisir de plus digne que toi,
Ni dont le sang offert, la fumée, et la cendre,
Puissent mieux satisfaire aux mânes de ton gendre.

Mais ce n'est pas assez, amis, de s'irriter ;
Il faut voir quels moyens on a d'exécuter :
Toute cette chaleur est peut-être inutile ;
Les soldats du tyran sont maîtres de la ville ;
Que pouvons-nous contre eux ? et, pour les prévenir,
Quel temps devons-nous prendre, et quel ordre tenir ?

ACHILLAS.

Nous pouvons beaucoup, sire, en l'état où nous sommes. 9
A deux milles d'ici vous avez six mille hommes,
Que depuis quelques jours, craignant des remûments,
Je faisois tenir prêts à tous évènements ;
Quelques soins qu'ait César, sa prudence est déçue.
Cette ville a sous terre une secrète issue,
Par où fort aisément on les peut cette nuit
Jusque dans le palais introduire sans bruit :
Car contre sa fortune aller à force ouverte, 10
Ce seroit trop courir vous-même à votre perte.

Il nous le faut surprendre au milieu du festin, [11]
Enivré des douceurs de l'amour et du vin.
Tout le peuple est pour nous. Tantôt, à son entrée,
J'ai remarqué l'horreur que ce peuple a montrée,
Lorsqu'avec tant de faste il a vu ses faisceaux
Marcher arrogamment et braver nos drapeaux :
Au spectacle insolent de ce pompeux outrage
Ses farouches regards étinceloient de rage ;
Je voyois sa fureur à peine se domter ;
Et, pour peu qu'on le pousse, il est prêt d'éclater.
Mais surtout les Romains que commandoit Septime,
Pressés de la terreur que sa mort leur imprime,
Ne cherchent qu'à venger par un coup généreux
Le mépris qu'en leur chef ce superbe a fait d'eux.

PTOLOMÉE.

Mais qui pourra de nous approcher sa personne,
Si durant le festin sa garde l'environne ?

PHOTIN.

Les gens de Cornélie, entre qui vos Romains [12]
Ont déjà reconnu des frères, des germains,
Dont l'âpre déplaisir leur a laissé paroître
Une soif d'immoler leur tyran à leur maître :
Ils ont donné parole, et peuvent, mieux que nous,
Dans les flancs de César porter les premiers coups :
Son faux art de clémence, ou plutôt sa folie,
Qui pense gagner Rome en flattant Cornélie,
Leur donnera sans doute un assez libre accès
Pour de ce grand dessein assurer le succès. [13]
Mais voici Cléopâtre : agissez avec feinte, [14]
Sire, et ne lui montrez que foiblesse et que crainte.
Nous allons vous quitter, comme objets odieux
Dont l'aspect importun offenseroit ses yeux.

PTOLOMÉE.

Allez, je vous rejoins.

SCÈNE II.[1]

PTOLOMÉE, CLÉOPATRE, ACHORÉE, CHARMION.

CLÉOPATRE.

J'ai vu César, mon frère,
Et de tout mon pouvoir combattu sa colère.

PTOLOMÉE.

Vous êtes généreuse ; et j'avois attendu [2]
Cet office de sœur que vous m'avez rendu.
Mais cet illustre amant vous a bientôt quittée.

CLÉOPATRE.

Sur quelque brouillerie en la ville excitée, [3]
Il a voulu lui-même apaiser les débats [4]
Qu'avec nos citoyens ont pris quelques soldats :
Et moi, j'ai bien voulu moi-même vous redire
Que vous ne craignez rien pour vous ni votre empire ;
Et que le grand César blâme votre action
Avec moins de courroux que de compassion.
Il vous plaint d'écouter ces lâches politiques
Qui n'inspirent aux rois que des mœurs tyranniques :
Ainsi que la naissance, ils ont les esprits bas. [5]
En vain on les élève à régir des états :
Un cœur né pour servir sait mal comme on commande ;
Sa puissance l'accable alors qu'elle est trop grande ;
Et sa main, que le crime en vain fait redouter,
Laisse choir le fardeau qu'elle ne peut porter.

P. Corneille. 2. 23

PTOLOMÉE.

Vous dites vrai, ma sœur; et ces effets sinistres
Me font bien voir ma faute au choix de mes ministres.
Si j'avois écouté de plus nobles conseils,
Je vivrois dans la gloire où vivent mes pareils;
Je mériterois mieux cette amitié si pure
Que pour un frère ingrat vous donne la nature;
César embrasseroit Pompée en ce palais;
Notre Égypte à la terre auroit rendu la paix,
Et verroit son monarque encore à juste titre
Ami de tous les deux, et peut-être l'arbitre.
Mais, puisque le passé ne se peut révoquer,
Trouvez bon qu'avec vous mon cœur s'ose expliquer.
Je vous ai maltraitée; et vous êtes si bonne, 6
Que vous me conservez la vie et la couronne.
Vainquez-vous tout-à-fait; et, par un digne effort, 7
Arrachez Achillas et Photin à la mort :
Elle leur est bien due, ils vous ont offensée;
Mais ma gloire en leur perte est trop intéressée :
Si César les punit des crimes de leur roi,
Toute l'ignominie en rejaillit sur moi;
Il me punit en eux; leur supplice est ma peine.
Forcez, en ma faveur, une trop juste haine.
De quoi peut satisfaire un cœur si généreux
Le sang abject et vil de ces deux malheureux?
Que je vous doive tout : César cherche à vous plaire; 8
Et vous pouvez d'un mot désarmer sa colère.

CLÉOPATRE.

Si j'avois en mes mains leur vie et leur trépas,
Je les méprise assez pour ne m'en venger pas :
Mais sur le grand César je puis fort peu de chose,
Quand le sang de Pompée à mes désirs s'oppose.

Je ne me vante pas de le pouvoir fléchir :
J'en ai déjà parlé, mais il a su gauchir ;
Et, tournant le discours sur une autre matière,
Il n'a ni refusé ni souffert ma prière.
Je veux bien toutefois encor m'y hasarder ;
Mes efforts redoublés pourront mieux succéder ;
Et j'ose croire....

PTOLOMÉE.

Il vient ; souffrez que je l'évite :
Je crains que de nouveau ma présence l'irrite ;
Elle pourroit l'aigrir au lieu de l'émouvoir ;
Et vous agirez seule avec plus de pouvoir.

SCÈNE III.[1]

CÉSAR, CLÉOPATRE, ANTOINE, LÉPIDE,
CHARMION, ACHORÉE, Romains.

CÉSAR.

Reine, tout est paisible ; et la ville calmée,[2]
Qu'un trouble assez léger avoit trop alarmée,
N'a plus à redouter le divorce intestin
Du soldat insolent et du peuple mutin.
Mais, ô dieux ! ce moment que je vous ai quittée
D'un trouble bien plus grand a mon ame agitée ;
Et ces soins importuns, qui m'arrachoient de vous,
Contre ma grandeur même allumoient mon courroux :
Je lui voulois du mal de m'être si contraire,
De rendre ma présence ailleurs si nécessaire ;
Mais je lui pardonnois, au simple souvenir
Du bonheur qu'à ma flamme elle fait obtenir.
C'est elle dont je tiens cette haute espérance
Qui flatte mes désirs d'une illustre apparence,

Et fait croire à César qu'il peut former des vœux,
Qu'il n'est pas tout-à-fait indigne de vos feux,
Et qu'il en peut prétendre une juste conquête,
N'ayant plus que les dieux au-dessus de sa tête.
Oui, reine, si quelqu'un dans ce vaste univers
Pouvoit porter plus haut la gloire de vos fers;
S'il étoit quelque trône où vous pussiez paroître
Plus dignement assise en captivant son maître;
J'irois, j'irois à lui, moins pour le lui ravir,
Que pour lui disputer le droit de vous servir;
Et je n'aspirerois au bonheur de vous plaire
Qu'après avoir mis bas un si grand adversaire.
C'étoit pour acquérir un droit si précieux
Que combattoit partout mon bras ambitieux;
Et dans Pharsale même il a tiré l'épée,
Plus pour le conserver, que pour vaincre Pompée.
Je l'ai vaincu, princesse : et le dieu des combats
M'y favorisoit moins que vos divins appas;
Ils conduisoient ma main, ils enfloient mon courage;
Cette pleine victoire est leur dernier ouvrage;
C'est l'effet des ardeurs qu'ils daignoient m'inspirer;
Et vos beaux yeux enfin m'ayant fait soupirer, ³
Pour faire que votre ame avec gloire y réponde,
M'ont rendu le premier et de Rome et du monde.
C'est ce glorieux titre, à présent effectif,
Que je viens ennoblir par celui de captif :
Heureux, si mon esprit gagne tant sur le vôtre
Qu'il en estime l'un et me permette l'autre !

CLÉOPATRE.

Je sais ce que je dois au souverain bonheur ⁴
Dont me comble et m'accable un tel excès d'honneur.

ACTE IV, SCÈNE III.

Je ne vous tiendrai plus mes passions secrètes ; 5
Je sais ce que je suis, je sais ce que vous êtes.
Vous daignâtes m'aimer dès mes plus jeunes ans ;
Le sceptre que je porte est un de vos présents ;
Vous m'avez par deux fois rendu le diadème :
J'avoue, après cela, seigneur, que je vous aime,
Et que mon cœur n'est point à l'épreuve des traits
Ni de tant de vertus, ni de tant de bienfaits.
Mais, hélas ! ce haut rang, cette illustre naissance, 6
Cet état de nouveau rangé sous ma puissance,
Ce sceptre par vos mains dans les miennes remis
À mes vœux innocents sont autant d'ennemis :
Ils allument contre eux une implacable haine ;
Ils me font méprisable alors qu'ils me font reine ;
Et si Rome est encor telle qu'auparavant, 7
Le trône où je me sieds m'abaisse en m'élevant ;
Et ces marques d'honneur, comme titres infâmes,
Me rendent à jamais indigne de vos flammes.
J'ose encor toutefois, voyant votre pouvoir,
Permettre à mes désirs un généreux espoir.
Après tant de combats, je sais qu'un si grand homme
A droit de triompher des caprices de Rome,
Et que l'injuste horreur qu'elle eut toujours des rois
Peut céder, par votre ordre, à de plus justes lois ;
Je sais que vous pouvez forcer d'autres obstacles :
Vous me l'avez promis, et j'attends ces miracles.
Votre bras dans Pharsale a fait de plus grands coups, 8
Et je ne les demande à d'autres dieux qu'à vous.

CÉSAR.

Tout miracle est facile où mon amour s'applique.
Je n'ai plus qu'à courir les côtes de l'Afrique,

23.

Qu'à montrer mes drapeaux au reste épouvanté
Du parti malheureux qui m'a persécuté;
Rome, n'ayant plus lors d'ennemis à me faire,
Par impuissance enfin prendra soin de me plaire;
Et vos yeux la verront, par un superbe accueil, 9
Immoler à vos pieds sa haine et son orgueil.
Encore une défaite, et dans Alexandrie 10
Je veux que cette ingrate en ma faveur vous prie;
Et qu'un juste respect conduisant ses regards
A votre chaste amour demande des Césars.
C'est l'unique bonheur où mes désirs prétendent;
C'est le fruit que j'attends des lauriers qui m'attendent: 11
Heureux si mon destin, encore un peu plus doux,
Me les faisoit cueillir sans m'éloigner de vous !
Mais, las ! contre mon feu mon feu me sollicite.
Si je veux être à vous, il faut que je vous quitte.
En quelques lieux qu'on fuie, il me faut y courir,
Pour achever de vaincre et de vous conquérir.
Permettez cependant qu'à ces douces amorces 12
Je prenne un nouveau cœur et de nouvelles forces,
Pour faire dire encore aux peuples pleins d'effroi 13
Que venir, voir, et vaincre, est même chose en moi.

CLÉOPATRE.

C'est trop, c'est trop, seigneur; souffrez que j'en abuse :
Votre amour fait ma faute, il fera mon excuse.
Vous me rendez le sceptre, et peut-être le jour;
Mais, si j'ose abuser de cet excès d'amour,
Je vous conjure encor, par ses plus puissants charmes,
Par ce juste bonheur qui suit toujours vos armes,
Par tout ce que j'espère et que vous attendez,
De n'ensanglanter pas ce que vous me rendez.

Faites grace, seigneur; ou souffrez que j'en fasse, 14
Et montre à tous par là que j'ai repris ma place.
Achillas et Photin sont gens à dédaigner; 15
Ils sont assez punis en me voyant régner;
Et leur crime....

CÉSAR.

Ah! prenez d'autres marques de reine:
Dessus mes volontés vous êtes souveraine;
Mais si mes sentiments peuvent être écoutés,
Choisissez des sujets dignes de vos bontés.
Ne vous donnez sur moi qu'un pouvoir légitime, 16
Et ne me rendez point complice de leur crime.
C'est beaucoup que pour vous j'ose épargner le roi; 17
Et si mes feux n'étoient....

SCÈNE IV.

CÉSAR, CORNÉLIE, CLÉOPATRE,
ACHORÉE, ANTOINE, LÉPIDE,
CHARMION, ROMAINS.

CORNÉLIE.

César, prends garde à toi: 1
Ta mort est résolue, on la jure, on l'apprête;
A celle de Pompée on veut joindre ta tête:
Prends-y garde, César; ou ton sang répandu
Bientôt parmi le sien se verra confondu.
Mes esclaves en sont; apprends de leurs indices
L'auteur de l'attentat, et l'ordre, et les complices:
Je te les abandonne.

CÉSAR.

O cœur vraiment romain,
Et digne du héros qui vous donna la main!

Ses mânes, qui du ciel ont vu de quel courage
Je préparois la mienne à venger son outrage,
Mettant leur haine bas, me sauvent aujourd'hui [2]
Par la moitié qu'en terre il nous laisse de lui.
Quoi que la perfidie ait osé sur sa trame, [3]
Il vit encore en vous, il agit dans votre ame;
Il la pousse, et l'oppose à cette indignité,
Pour me vaincre par elle en générosité.

CORNÉLIE.

Tu te flattes, César, de mettre en ta croyance
Que la haine ait fait place à la reconnoissance :
Ne le présume plus; le sang de mon époux
A rompu pour jamais tout commerce entre nous.
J'attends la liberté qu'ici tu m'as offerte,
Afin de l'employer tout entière à ta perte;
Et je te chercherai partout des ennemis
Si tu m'oses tenir ce que tu m'as promis.
Mais, avec cette soif que j'ai de ta ruine, [4]
Je me jette au-devant du coup qui t'assassine,
Et forme des désirs avec trop de raison
Pour en aimer l'effet par une trahison :
Qui la sait et la souffre a part à l'infamie.
Si je veux ton trépas, c'est en juste ennemie :
Mon époux a des fils; il aura des neveux :
Quand ils te combattront, c'est là que je le veux;
Et qu'une digne main par moi-même animée,
Dans ton champ de bataille, aux yeux de ton armée,
T'immole noblement et par un digne effort
Aux mânes du héros dont tu venges la mort.
Tous mes soins, tous mes vœux hâtent cette vengeance:
Ta perte la recule, et ton salut l'avance.

Quelque espoir qui d'ailleurs me l'ose ou puisse offrir, 5
Ma juste impatience auroit trop à souffrir :
La vengeance éloignée est à demi perdue ;
Et, quand il faut l'attendre, elle est trop cher vendue.
Je n'irai point chercher sur les bords africains 6
Le foudre souhaité que je vois en tes mains ;
La tête qu'il menace en doit être frappée. 7
J'ai pu donner la tienne au lieu d'elle à Pompée :
Ma haine avoit le choix ; mais cette haine enfin
Sépare son vainqueur d'avec son assassin,
Et ne croit avoir droit de punir ta victoire
Qu'après le châtiment d'une action si noire.
Rome le veut ainsi ; son adorable front 8
Auroit de quoi rougir d'un trop honteux affront,
De voir en même jour, après tant de conquêtes,
Sous un indigne fer ses deux plus nobles têtes.
Son grand cœur, qu'à tes lois en vain tu crois soumis,
En veut aux criminels plus qu'à ses ennemis,
Et tiendroit à malheur le bien de se voir libre,
Si l'attentat du Nil affranchissoit le Tibre.
Comme autre qu'un Romain n'a pu l'assujettir, 9
Autre aussi qu'un Romain ne l'en doit garantir.
Tu tomberois ici sans être sa victime ;
Au lieu d'un châtiment ta mort seroit un crime,
Et, sans que tes pareils en conçussent d'effroi,
L'exemple que tu dois périroit avec toi.
Venge-la de l'Égypte à son appui fatale ;
Et je la vengerai, si je puis, de Pharsale.
Va, ne perds point de temps, il presse. Adieu : tu peux 10
Te vanter qu'une fois j'ai fait pour toi des vœux.

SCÈNE V.

CÉSAR, CLÉOPATRE, ANTOINE,
LÉPIDE, ACHORÉE, CHARMION.

CÉSAR.

Son courage m'étonne autant que leur audace.
Reine, voyez pour qui vous me demandiez grace !

CLÉOPATRE.

Je n'ai rien à vous dire : allez, seigneur, allez
Venger sur ces méchants tant de droits violés.
On m'en veut plus qu'à vous; c'est ma mort qu'ils respirent,
C'est contre mon pouvoir que les traîtres conspirent;
Leur rage, pour l'abattre, attaque mon soutien, [1]
Et par votre trépas cherche un passage au mien.
Mais parmi ces transports d'une juste colère,
Je ne puis oublier que leur chef est mon frère.
Le saurez-vous, seigneur ? et pourrai-je obtenir
Que ce cœur irrité daigne s'en souvenir ?

CÉSAR.

Oui, je me souviendrai que ce cœur magnanime [2]
Au bonheur de son sang veut pardonner son crime.
Adieu, ne craignez rien; Achillas et Photin
Ne sont pas gens à vaincre un si puissant destin;
Pour les mettre en déroute; eux et tous leurs complices,
Je n'ai qu'à déployer l'appareil des supplices,
Et, pour soldats choisis, envoyer des bourreaux
Qui portent hautement mes haches pour drapeaux.

(César rentre avec les Romains.)

ACTE IV, SCÈNE V.

CLÉOPATRE.

Ne quittez pas César; allez, cher Achorée,
Repousser avec lui ma mort qu'on a jurée;
Et, quand il punira nos lâches ennemis,
Faites-le souvenir de ce qu'il m'a promis.
Ayez l'œil sur le roi dans la chaleur des armes,
Et conservez son sang pour épargner mes larmes.

ACHORÉE.

Madame, assurez-vous qu'il ne peut y périr,
Si mon zèle et mes soins peuvent le secourir.

FIN DU QUATRIÈME ACTE.

ACTE CINQUIÈME.

SCÈNE I.[1]

CORNÉLIE, tenant une petite urne en sa main;
PHILIPPE.

CORNÉLIE.

Mes yeux, puis-je vous croire? et n'est-ce point un songe[2]
Qui sur mes tristes vœux a formé ce mensonge?
Te revois-je, Philippe? et cet époux si cher
A-t-il reçu de toi les honneurs du bûcher?
Cette urne que je tiens contient-elle sa cendre?
O vous, à ma douleur objet terrible et tendre, [3]
Éternel entretien de haine et de pitié,
Reste du grand Pompée, écoutez sa moitié.
N'attendez point de moi de regrets ni de larmes;
Un grand cœur à ses maux applique d'autres charmes;
Les foibles déplaisirs s'amusent à parler,
Et quiconque se plaint cherche à se consoler.
Moi, je jure des dieux la puissance suprême,
Et, pour dire encor plus, je jure par vous-même,
Car vous pouvez bien plus sur ce cœur affligé
Que le respect des dieux qui l'ont mal protégé;
Je jure donc par vous, ô pitoyable reste,
Ma divinité seule après ce coup funeste,
Par vous, qui seul ici pouvez me soulager,
De n'éteindre jamais l'ardeur de le venger.

Ptolomée à César, par un lâche artifice,
Rome, de ton Pompée a fait un sacrifice;
Et je n'entrerai point dans tes murs isolés
Que le prêtre et le dieu ne lui soient immolés.
Faites-m'en souvenir, et soutenez ma haine,
O cendres, mon espoir aussi-bien que ma peine;
Et, pour m'aider un jour à perdre son vainqueur,
Versez dans tous les cœurs ce que ressent mon cœur.
Toi qui l'as honoré sur cette infâme rive
D'une flamme pieuse autant comme chétive,
Dis-moi, quel bon démon a mis en ton pouvoir
De rendre à ce héros ce funèbre devoir?

PHILIPPE.

Tout couvert de son sang, et plus mort que lui-même,
Après avoir cent fois maudit le diadème,
Madame, j'ai porté mes pas et mes sanglots
Du côté que le vent poussoit encor les flots.
Je cours long-temps en vain, mais enfin d'une roche
J'en découvre le tronc vers un sable assez proche
Où la vague en courroux sembloit prendre plaisir
A feindre de le rendre et puis s'en ressaisir.
Je m'y jette, et l'embrasse, et le pousse au rivage;
Et, ramassant sous lui le débris d'un naufrage,
Je lui dresse un bûcher à la hâte et sans art,
Tel que je pus sur l'heure, et qu'il plut au hasard.
A peine brûloit-il, que le ciel plus propice
M'envoie un compagnon en ce pieux office:
Cordus, un vieux Romain qui demeure en ces lieux,
Retournant de la ville, y détourne les yeux;
Et n'y voyant qu'un tronc dont la tête est coupée,
A cette triste marque il reconnoît Pompée.

Soudain la larme à l'œil, « O toi, qui que tu sois,
A qui le ciel permet de si dignes emplois,
Ton sort est bien, dit-il, autre que tu ne penses ;
Tu crains des châtiments, attends des récompenses.
César est en Égypte, et venge hautement
Celui pour qui ton zèle a tant de sentiment.
Tu peux faire éclater les soins qu'on t'en voit prendre,
Tu peux même à sa veuve en reporter la cendre.
Son vainqueur l'a reçue avec tout le respect
Qu'un dieu pourroit ici trouver à son aspect.
Achève, je reviens. » Il part et m'abandonne,
Et rapporte aussitôt ce vase qu'il me donne,
Où sa main et la mienne enfin ont renfermé
Ces restes d'un héros par le feu consumé.

CORNÉLIE.

O que sa piété mérite de louanges !

PHILIPPE.

En entrant j'ai trouvé des désordres étranges.
Tout un grand peuple armé fuyoit devers le port,
Où le roi, disoit-on, s'étoit fait le plus fort.
Les Romains poursuivoient ; et César, dans la place
Ruisselante du sang de cette populace,
Montroit de sa justice un exemple assez beau,
Faisant passer Photin par les mains d'un bourreau.
Aussitôt qu'il me voit, il daigne me connoître ;
Et prenant de ma main les cendres de mon maître :
« Restes d'un demi-dieu, dont à peine je puis
Égaler le grand nom, tout vainqueur que j'en suis,
De vos traîtres, dit-il, voyez punir les crimes ;
Attendant des autels, recevez ces victimes ;
Bien d'autres vont les suivre. Et toi, cours au palais
Porter à sa moitié ce don que je lui fais ;

Porte à ses déplaisirs cette foible allégeance,
Et dis-lui que je cours achever sa vengeance. »
Ce grand homme à ces mots me quitte en soupirant,
Et baise avec respect ce vase qu'il me rend.

CORNÉLIE.

O soupirs ! ô respect ! ô qu'il est doux de plaindre [7]
Le sort d'un ennemi quand il n'est plus à craindre !
Qu'avec chaleur, Philippe, on court à le venger
Lorsqu'on s'y voit forcé par son propre danger,
Et quand cet intérêt qu'on prend pour sa mémoire
Fait notre sûreté comme il croit notre gloire !
César est généreux, j'en veux être d'accord ;
Mais le roi le veut perdre, et son rival est mort.
Sa vertu laisse lieu de douter à l'envie
De ce qu'elle feroit s'il le voyoit en vie :
Pour grand qu'en soit le prix, son péril en rabat ; [8]
Cette ombre qui la couvre en affoiblit l'éclat :
L'amour même s'y mêle, et le force à combattre ;
Quand il venge Pompée, il défend Cléopâtre.
Tant d'intérêts sont joints à ceux de mon époux,
Que je ne devrois rien à ce qu'il fait pour nous,
Si, comme par soi-même un grand cœur juge un autre, [9]
Je n'aimois mieux juger sa vertu par la nôtre,
Et croire que nous seuls armons ce combattant, [10]
Parcequ'au point qu'il est j'en voudrois faire autant.

SCÈNE II.[1]

CLÉOPATRE, CORNÉLIE, PHILIPPE, CHARMION.

CLÉOPATRE.

Je ne viens pas ici pour troubler une plainte[2]
Trop juste à la douleur dont vous êtes atteinte;
Je viens pour rendre hommage aux cendres d'un héros
Qu'un fidèle affranchi vient d'arracher aux flots,
Pour le plaindre avec vous, et vous jurer, madame,
Que j'aurois conservé ce maître de votre ame,
Si le ciel, qui vous traite avec trop de rigueur,
M'en eût donné la force aussi-bien que le cœur.
Si pourtant, à l'aspect de ce qu'il vous renvoie,
Vos douleurs laissoient place à quelque peu de joie,
Si la vengeance avoit de quoi vous soulager,
Je vous dirois aussi qu'on vient de vous venger,
Que le traître Photin.... Vous le savez peut-être ?

CORNÉLIE.

Oui, princesse, je sais qu'on a puni ce traître.

CLÉOPATRE.

Un si prompt châtiment vous doit être bien doux.

CORNÉLIE.

S'il a quelque douceur, elle n'est que pour vous.

CLÉOPATRE.

Tous les cœurs trouvent doux le succès qu'ils espèrent.

CORNÉLIE.

Comme nos intérêts, nos sentiments diffèrent.
Si César à sa mort joint celle d'Achillas,
Vous êtes satisfaite, et je ne la suis pas.[3]

Aux mânes de Pompée il faut une autre offrande;
La victime est trop basse, et l'injure est trop grande;
Et ce n'est pas un sang que pour la réparer
Son ombre et ma douleur daignent considérer :
L'ardeur de le venger, dans mon ame allumée, 4
En attendant César, demande Ptolomée. 5
Tout indigne qu'il est de vivre et de régner,
Je sais bien que César se force à l'épargner;
Mais quoi que son amour ait osé vous promettre,
Le ciel, plus juste enfin, n'osera le permettre;
Et, s'il peut une fois écouter tous mes vœux,
Par la main l'un de l'autre ils périront tous deux. 6
Mon ame à ce bonheur, si le ciel me l'envoie,
Oublira ses douleurs pour s'ouvrir à la joie.
Mais si ce grand souhait demande trop pour moi,
Si vous n'en perdez qu'un, ô ciel, perdez le roi.

CLÉOPATRE.

Le ciel sur nos souhaits ne règle pas les choses. 7

CORNÉLIE.

Le ciel règle souvent les effets sur les causes, 8
Et rend aux criminels ce qu'ils ont mérité.

CLÉOPATRE.

Comme de la justice, il a de la bonté.

CORNÉLIE.

Oui; mais il fait juger, à voir comme il commence,
Que sa justice agit, et non pas sa clémence.

CLÉOPATRE.

Souvent de la justice il passe à la douceur.

CORNÉLIE.

Reine, je parle en veuve, et vous parlez en sœur.

Chacune a son sujet d'aigreur ou de tendresse, 9
Qui dans le sort du roi justement l'intéresse.
Apprenons, par le sang qu'on aura répandu,
A quels souhaits le ciel a le mieux répondu.
Voici votre Achorée.

SCÈNE III.

CORNÉLIE, CLÉOPATRE, ACHORÉE,
PHILIPPE, CHARMION.

CLÉOPATRE.

HÉLAS! sur son visage
Rien ne s'offre à mes yeux que de mauvais présage.
Ne nous déguisez rien, parlez sans me flatter ;
Qu'ai-je à craindre, Achorée, ou qu'ai-je à regretter ?

ACHORÉE.

Aussitôt que César eut su la perfidie.... 1

CLÉOPATRE.

Ah! ce n'est pas ces soins que je veux qu'on me die ; 2
Je sais qu'il fit trancher et clorre ce conduit 3
Par où ce grand secours devoit être introduit ;
Qu'il manda tous les siens pour s'assurer la place
Où Photin a reçu le prix de son audace ;
Que d'un si prompt supplice Achillas étonné
S'est aisément saisi du port abandonné ;
Que le roi l'a suivi ; qu'Antoine a mis à terre
Ce qui dans ses vaisseaux restoit de gens de guerre ;
Que César l'a rejoint ; et je ne doute pas
Qu'il n'ait su vaincre encore et punir Achillas.

ACTE V, SCÈNE III.
ACHORÉE.
Oui, madame, on a vu son bonheur ordinaire....
CLÉOPATRE.
Dites-moi seulement s'il a sauvé mon frère,
S'il m'a tenu promesse.
ACHORÉE.
Oui, de tout son pouvoir.
CLÉOPATRE.
C'est là l'unique point que je voulois savoir.
Madame, vous voyez, les dieux m'ont écoutée.
CORNÉLIE.
Ils n'ont que différé la peine méritée.
CLÉOPATRE.
Vous la vouliez sur l'heure, ils l'en ont garanti.
ACHORÉE.
Il faudroit qu'à nos vœux il eût mieux consenti.
CLÉOPATRE.
Que disiez-vous naguère? et que viens-je d'entendre?
Accordez ces discours que j'ai peine à comprendre.
ACHORÉE.
Ni vos vœux ni nos soins n'ont pu le secourir;
Malgré César et nous il a voulu périr :
Mais il est mort, madame, avec toute les marques
Dont éclatent les morts des plus dignes monarques ;
Sa vertu rappelée a soutenu son rang,
Et sa perte aux Romains a coûté bien du sang.
 Il combattoit Antoine avec tant de courage
Qu'il emportoit déjà sur lui quelque avantage ;
Mais l'abord de César a changé le destin :
Aussitôt Achillas suit le sort de Photin ;

Il meurt, mais d'une mort trop belle pour un traître,
Les armes à la main en défendant son maître.
Le vainqueur crie en vain qu'on épargne le roi :
Ces mots au lieu d'espoir lui donnent de l'effroi ;
Son esprit alarmé les croit un artifice
Pour réserver sa tête aux hontes d'un supplice.
Il pousse dans nos rangs, il les perce, et fait voir
Ce que peut la vertu qu'arme le désespoir ;
Et son cœur, emporté par l'erreur qui l'abuse,
Cherche partout la mort, que chacun lui refuse.
Enfin perdant haleine après ces grands efforts,
Près d'être environné, ses meilleurs soldats morts,
Il voit quelques fuyards sauter dans une barque ;
Il s'y jette ; et les siens, qui suivent leur monarque,
D'un si grand nombre en foule accablent ce vaisseau,
Que la mer l'engloutit avec tout son fardeau.
C'est ainsi que sa mort lui rend toute sa gloire,
A vous toute l'Égypte, à César la victoire.
Il vous proclame reine ; et bien qu'aucun Romain
Du sang que vous pleurez n'ait vu rougir sa main,
Il nous fait voir à tous un déplaisir extrême,
Il soupire, il gémit. Mais le voici lui-même,
Qui pourra mieux que moi vous montrer la douleur
Que lui donne du roi l'invincible malheur.

SCÈNE IV.

CÉSAR, CORNÉLIE, CLÉOPATRE, ANTOINE, LÉPIDE, ACHORÉE, CHARMION, PHILIPPE.

CORNÉLIE.

CÉSAR, tiens-moi parole, et me rends mes galères.
Achillas et Photin ont reçu leurs salaires :

ACTE V, SCÈNE IV.

Leur roi n'a pu jouir de ton cœur adouci; 2
Et Pompée est vengé ce qu'il peut l'être ici. 3
Je n'y saurois plus voir qu'un funeste rivage 4
Qui de leur attentat m'offre l'horrible image,
Ta nouvelle victoire, et le bruit éclatant
Qu'aux changements de roi pousse un peuple inconstant;
Et, parmi ces objets, ce qui le plus m'afflige,
C'est d'y revoir toujours l'ennemi qui m'oblige.
Laisse-moi m'affranchir de cette indignité,
Et souffre que ma haine agisse en liberté. 5
A cet empressement j'ajoute une requête :
Vois l'urne de Pompée ; il y manque sa tête ; 6
Ne me la retiens plus ; c'est l'unique faveur
Dont je te puis encor prier avec honneur.

CÉSAR.

Il est juste ; et César est tout prêt de vous rendre
Ce reste où vous avez tant de droit de prétendre ;
Mais il est juste aussi qu'après tant de sanglots
A ses mânes errants nous rendions le repos,
Qu'un bûcher allumé par ma main et la vôtre 7
Le venge pleinement de la honte de l'autre ;
Que son ombre s'apaise en voyant notre ennui ;
Et qu'une urne plus digne et de vous et de lui,
Après la flamme éteinte et les pompes finies,
Renferme avec éclat ses cendres réunies.
De cette même main dont il fut combattu
Il verra des autels dressés à sa vertu ;
Il recevra des vœux, de l'encens, des victimes,
Sans recevoir par là d'honneurs que légitimes : 8
Pour ces justes devoirs je ne veux que demain;
Ne me refusez pas ce bonheur souverain.

Faites un peu de force à votre impatience : 9
Vous êtes libre après ; partez en diligence ;
Portez à notre Rome un si digne trésor ;
Portez....

CORNÉLIE.

Non pas, César, non pas à Rome encor :
Il faut que ta défaite et que tes funérailles 10
A cette cendre aimée en ouvrent les murailles ;
Et quoiqu'elle la tienne aussi chère que moi, 11
Elle n'y doit rentrer qu'en triomphant de toi.
Je la porte en Afrique ; et c'est là que j'espère
Que les fils de Pompée, et Caton, et mon père,
Secondés par l'effort d'un roi plus généreux,
Ainsi que la justice auront le sort pour eux.
C'est là que tu verras sur la terre et sur l'onde
Le débris de Pharsale armer un autre monde ;
Et c'est là que j'irai, pour hâter tes malheurs,
Porter de rang en rang ces cendres et mes pleurs.
Je veux que de ma haine ils reçoivent des règles, 12
Qu'ils suivent au combat des urnes au lieu d'aigles,
Et que ce triste objet porte en leur souvenir
Les soins de le venger, et ceux de te punir.
Tu veux à ce héros rendre un devoir suprême ;
L'honneur que tu lui rends rejaillit sur toi-même :
Tu m'en veux pour témoin ; j'obéis au vainqueur.
Mais ne présume pas toucher par là mon cœur ; 13
La perte que j'ai faite est trop irréparable ;
La source de ma haine est trop inépuisable :
A l'égal de mes jours je la ferai durer ;
Je veux vivre avec elle, avec elle expirer.
Je t'avoûrai pourtant, comme vraiment Romaine, 14
Que pour toi mon estime est égale à ma haine ;

Que l'une et l'autre est juste, et montre le pouvoir, 15
L'une de ta vertu, l'autre de mon devoir;
Que l'une est généreuse, et l'autre intéressée,
Et que dans mon esprit l'une et l'autre est forcée:
Tu vois que ta vertu, qu'en vain on veut trahir,
Me force de priser ce que je dois haïr;
Juge ainsi de la haine où mon devoir me lie, 16
La veuve de Pompée y force Cornélie.
J'irai, n'en doute point, au sortir de ces lieux,
Soulever contre toi les hommes et les dieux;
Ces dieux qui t'ont flatté, ces dieux qui m'ont trompée,
Ces dieux qui dans Pharsale ont mal servi Pompée,
Qui, la foudre à la main, l'ont pu voir égorger:
Ils connoîtront leur faute, et le voudront venger. 17
Mon zèle, à leur refus, aidé de sa mémoire,
Te saura bien sans eux arracher la victoire;
Et quand tout mon effort se trouvera rompu, 18
Cléopâtre fera ce que je n'aurai pu.
Je sais quelle est ta flamme et quelles sont ses forces, 19
Que tu n'ignores pas comme on fait les divorces,
Que ton amour t'aveugle, et que pour l'épouser
Rome n'a point de lois que tu n'oses briser:
Mais sache aussi qu'alors la jeunesse romaine
Se croira tout permis sur l'époux d'une reine,
Et que de cet hymen tes amis indignés
Vengeront sur ton sang leurs avis dédaignés.
J'empêche ta ruine, empêchant tes caresses. 20
Adieu: j'attends demain l'effet de tes promesses.

SCÈNE V.

CÉSAR, CLÉOPATRE, ANTOINE, LÉPIDE, ACHORÉE, CHARMION.

CLÉOPATRE.

Plutôt qu'à ces périls je vous puisse exposer,
Seigneur, perdez en moi ce qui les peut causer;
Sacrifiez ma vie au bonheur de la vôtre; [1]
Le mien sera trop grand, et je n'en veux point d'autre,
Indigne que je suis d'un César pour époux,
Que de vivre en votre ame, étant morte pour vous.

CÉSAR.

Reine, ces vains projets sont le seul avantage [2]
Qu'un grand cœur impuissant a du ciel en partage :
Comme il a peu de force, il a beaucoup de soins; [3]
Et, s'il pouvoit plus faire, il souhaiteroit moins.
Les dieux empêcheront l'effet de ces augures,
Et mes félicités n'en seront pas moins pures, [4]
Pourvu que votre amour gagne sur vos douleurs
Qu'en faveur de César vous tarissiez vos pleurs,
Et que votre bonté, sensible à ma prière,
Pour un fidèle amant oublie un mauvais frère.
On aura pu vous dire avec quel déplaisir
J'ai vu le désespoir qu'il a voulu choisir; [5]
Avec combien d'efforts j'ai voulu le défendre
Des paniques terreurs qui l'avoient pu surprendre.
Il s'est de mes bontés jusqu'au bout défendu,
Et de peur de se perdre il s'est enfin perdu.

O honte pour César, qu'avec tant de puissance, [6]
Tant de soins pour vous rendre entière obéissance,
Il n'ait pu toutefois, en ces évènements,
Obéir au premier de vos commandements !
Prenez-vous-en au ciel, dont les ordres sublimes [7]
Malgré tous nos efforts savent punir les crimes;
Sa rigueur envers lui vous ouvre un sort plus doux,
Puisque par cette mort l'Égypte est toute à vous.

CLÉOPATRE.

Je sais que j'en reçois un nouveau diadème,
Qu'on n'en peut accuser que les dieux et lui-même;
Mais comme il est, seigneur, de la fatalité [8]
Que l'aigreur soit mêlée à la félicité,
Ne vous offensez pas si cet heur de vos armes,
Qui me rend tant de biens, me coûte un peu de larmes,
Et si, voyant sa mort due à sa trahison,
Je donne à la nature ainsi qu'à la raison.
Je n'ouvre point les yeux sur ma grandeur si proche,
Qu'aussitôt à mon cœur mon sang ne le reproche;
J'en ressens dans mon ame un murmure secret,
Et ne puis remonter au trône sans regret.

ACHORÉE.

Un grand peuple, seigneur, dont cette cour est pleine, [9]
Par des cris redoublés demande à voir sa reine,
Et, tout impatient, déjà se plaint aux cieux
Qu'on lui donne trop tard un bien si précieux.

CÉSAR.

Ne lui refusons plus le bonheur qu'il désire :
Princesse, allons par là commencer votre empire.
Fasse le juste ciel, propice à mes désirs,
Que ces longs cris de joie étouffent vos soupirs, [10]

Et puissent ne laisser dedans votre pensée
Que l'image des traits dont mon ame est blessée !
Cependant, qu'à l'envi ma suite et votre cour
Préparent pour demain la pompe d'un beau jour,
Où, dans un digne emploi l'une et l'autre occupée,
Couronne Cléopâtre, et m'apaise Pompée,
Élève à l'une un trône, à l'autre des autels,
Et jure à tous les deux des respects immortels.

FIN DE LA MORT DE POMPÉE.

TABLE

DES PIÈCES CONTENUES DANS CE VOLUME.

	Pages
POLYEUCTE, tragédie chrétienne,	1
LE MENTEUR, comédie,	97
LA MORT DE POMPÉE, tragédie,	203

Fin de la Table du tome second.

www.ingramcontent.com/pod-product-compliance
Lightning Source LLC
Chambersburg PA
CBHW070743170426
43200CB00007B/627